Psicología criminológica
en 80 preguntas

Psicología criminológica en 80 preguntas

Karina Domínguez Paz
y Fernando Pérez Guzmán

PSICOLOGÍA CRIMINOLÓGICA EN 80 PREGUNTAS

Portada: Elisa Orozco

Primera edición en Terracota: enero 2024

© 2024, Karina Domínguez Paz y Fernando Pérez Guzmán
© 2024, Editorial Terracota bajo el sello Pax

ISBN: 978-607-713-577-7

DR © 2024, Editorial Terracota, SA de CV
Av. Cuauhtémoc 1430
Col. Santa Cruz Atoyac
03310 Ciudad de México

Tel. +52 55 5335 0090
www.terradelibros.com

2028   2027   2026   2025   2024
  5   4   3   2   1

Índice

Anexos

Agradecimientos

A nuestros padres y a nuestros hermanos, por ser quienes nos dieron la oportunidad de vivir esta aventura llamada vida.

A Miguel Escorza, por el apoyo incondicional y la confianza que depositó en nosotros.

A cada uno de nuestros alumnos, con quienes, de una u otra forma, hemos compartido un espacio de conocimiento, enriquecido con sus dudas y cimentado con sus aportaciones.

A mi esposa y a mis hijas, a quienes tanto amo y que son el motor de mi vida.

Fernando Pérez Guzmán

Muy en especial, a Agustina Paz Juárez, la mujer a quien le debo mi existencia y hoy no pudo ver este proyecto concluido... Para ti con cariño, mamá.

Karina Domínguez Paz

Y a todas las personas que contribuyeron para que este libro fuera una realidad.

Presentación

En la actualidad, la psicología criminológica se ha convertido en una herramienta indispensable para aquellos que quieren estudiar y conocer la mente de un criminal.

Esta rama aplicada de la psicología nos ofrece la oportunidad de adentrarnos en lo oculto de la mente humana, en aquello que es intangible y, sin embargo, existe y motiva a algunos individuos a cometer los peores actos de sadismo y crueldad.

Nos ayuda a investigar al delincuente y las causas de su tendencia a la criminalidad. Además, estudia los factores endógenos y exógenos que originan la comisión de determinados delitos, considerando no solo la norma jurídica, sino también aspectos sociales y culturales, pues ambos elementos permiten dar una explicación integral del comportamiento antisocial o delictivo.

Nuestro objetivo como autores de esta obra es brindar un material de consulta práctico y de fácil lectura para cualquier persona que quiera adentrarse en el conocimiento de esta apasionante disciplina.

A partir de una serie de 80 preguntas y respuestas, abordamos temas que conforman la columna vertebral del cuerpo conceptual de esta ciencia. La autopsia psicológica, la conducta antisocial, el diagnóstico criminológico, los asesinos seriales, el polígrafo, las pruebas psicológicas, las víctimas y los victimarios, la prognosis criminológica, los trastornos de la personalidad, la psicopatología, la psicología jurídica y forense, y el perfil criminal son una muestra de este compendio de tópicos fundamentales para la psicología criminológica.

Esta recopilación fue realizada tomando en consideración la sociedad dinámica y contemporánea en la que vivimos, así como elementos de las escuelas tradicionales de la criminología. Resume los aportes de los autores más relevantes en este tema, los cuales nos brindan postulados e investigaciones que expanden nuestro entendimiento del fenómeno delictivo.

Con esta obra, también buscamos despertar en el lector la inquietud por querer saber más del mundo del delito, de las víctimas y del criminal.

1.

¿Qué es y en qué casos se aplica la autopsia psicológica?

La autopsia psicológica es el nombre asignado a la investigación de la personalidad y de la vida de una persona fallecida, de la cual se buscan elementos que permitan establecer la causa de la muerte, en razón del estado psíquico-emocional de la víctima y de los posibles victimarios. En este sentido, se trata de un método de indagación en las muertes consideradas como dudosas; puede aplicarse en dos casos en particular:

a) *En muertes en las que se desconoce quién fue el victimario, por lo que es necesario describir aspectos de la personalidad y del estado emocional de la víctima.* Esto permite acercarse al perfil del probable homicida. Cabe hacer mención de que esta es una técnica en desarrollo, por tanto, no puede considerarse como un elemento determinante en la investigación policial. La autopsia psicológica solo puede proponer líneas o hipótesis de investigación. Un ejemplo de lo anterior son los casos del ruso Andrei Romanov Chikatilo conocido como el *Carnicero de Rostov,* a quien le adjudicaron 52 homicidios durante las décadas de 1980 y 1990; o lo sucedido en México, a principios de este siglo, con la tristemente célebre Juana Barraza Samperio, conocida con el alias de *La Mataviejitas.* El común denominador en estos casos era la personalidad desconocida de los homicidas, por lo que fue necesario crear un perfil mediante el análisis de las escenas del crimen y de las heridas de las víctimas.

b) *En muertes en las que no hay certeza de las causas del deceso de la víctima, pero hay un presunto responsable vinculado a proceso.* En estos casos es necesario dar elementos de certeza a la autoridad judicial para determinar la responsabilidad del sujeto inculpado. Por ejemplo, en el supuesto de que un agente del Ministerio Público acusara a un individuo de feminicidio y la causa de la muerte pudiera ser una distinta, la autopsia psicológica podrá describir el suceso en el cual la víctima perdió la vida, además de analizar su estado emocional y su relación con el supuesto victimario. Dichos elementos apoyarán o no la suposición de las autoridades. Este tipo de autopsia puede ser útil en el nuevo sistema penal acusatorio mexicano.

2.

¿Cuál es el sustento metodológico para realizar una autopsia psicológica?

Vicente Garrido (2014), experto en el tema, refiere que la metodología empleada en la autopsia psicológica consiste en la revisión de todo tipo de documentación relacionada con la persona fallecida: carpeta de investigación, cartas, identificaciones, recibos, entre otros; en realizar entrevistas criminológicas y en analizar el lugar de los hechos, ya sea por medio de la observación directa del lugar o a través de técnicas de fijación ya utilizadas. *Fijar* el lugar es dejar asentada su ubicación y sus características, por medio de huellas, señales o vestigios relacionados con un hecho presuntamente delictuoso, tales como escritos, fotos, planos, videos, etcétera.

La finalidad de la autopsia psicológica es describir el estado anímico en el cual se encontraba la víctima horas o días antes de perder la vida. También busca datos de la muerte en la historia de vida, la personalidad y la forma de vivir del occiso, con el objetivo de esclarecer la causa o motivo del deceso y describir la relación que tuvo la víctima con su agresor. De esta forma, se obtienen hipótesis probables para las investigaciones o para proporcionar elementos al juez que lleva el caso.

3.

¿Qué se entiende por conducta antisocial?

La conducta antisocial puede ser entendida como *aquella acción que viola las reglas y las expectativas sociales o que va en contra los demás*. En la literatura hay un sinfín de definiciones para referirse a un patrón de conducta de este tipo, ya que engloba toda aquella acción en la cual el sujeto es capaz de actuar en contra del orden social, por encima de lo que se considera el estado de bienestar. Ya sea un delito o no, la conducta antisocial lesiona las normas morales, sociales, religiosas o jurídicas. Tirar basura, contaminar o desperdiciar el agua y la publicidad engañosa son conductas que atentan contra la estructura básica de la sociedad, pero no son delitos. Asimismo, hay delitos que no atentan contra la sociedad o el libre desarrollo de las personas, sino que solamente dañan los intereses de un pequeño grupo, o de un sujeto en particular, por ello no se consideran conductas antisociales.

Como causas directas de este comportamiento, identificamos el fracaso escolar, el rechazo de los compañeros, la pertenencia a grupos con conductas contrarias al orden social, y como causas indirectas, la falta de integración laboral, el estado depresivo o el abuso de sustancias tóxicas.

Dichas causas son materia prima para la criminología clínica ya que conforman lo que se conoce como *capacidad criminal*. Esta se conjuga con ciertos aspectos de la ausencia de adaptabilidad social, como las tendencias antisociales y la identificación criminal, que aportan al criminólogo clínico elementos para la elaboración de un diagnóstico criminológico.

La Ley General para la Prevención Social de la Violencia y la Delincuencia, en sus artículos 6-12, contiene mecanismos de prevención que pueden coadyuvar al establecimiento de programas que reinserten al sujeto a la sociedad, para evitar la presencia o reincidencia de la conducta antisocial.

En conclusión, la conducta antisocial vista desde el aspecto psicológico, sociológico y legal puede comprenderse como aquel comportamiento en el cual el sujeto actúa contra las normas sociales o legalmente establecidas. Altera el orden en razón de la comisión de un delito, de una infracción o de una simple conducta contraria a lo culturalmente esperado.

4.

¿Cuáles son los conceptos básicos de derecho penal más utilizados en criminología?

- *Delito:* acción u omisión que sancionan las leyes penales.
- *Delincuencia organizada:* la organización de forma permanente y reiterada de tres o más personas para realizar delitos como terrorismo, acopio y tráfico de armas, de personas, de órganos, pornografía, etcétera.
- *Pena:* sanción o castigo que se aplica a una persona por haber cometido un delito.
- *Dolo:* intención para realizar una conducta delictiva por parte del sujeto–delincuente.
- *Culpa:* la falta de intención de tener una conducta delictiva por parte del sujeto–delincuente.
- *Sujeto activo:* es la persona que comete el delito o provoca un daño.
- *Sujeto pasivo:* es la persona en la que recae el daño producto de un delito.
- *Imputabilidad:* es la capacidad que tiene el sujeto de entender y, aun así, querer tener la conducta delictiva. Es atribuir al alguien responsabilidad en un acto delictivo.
- *Inimputabilidad:* es la falta de capacidad de entender qué implica realizar la conducta delictiva.

La mayoría de estos conceptos son utilizados por la criminología clínica dentro del sistema penitenciario y sirven al criminólogo para entender la situación jurídica del sujeto-delincuente, lo cual motiva la elaboración de un diagnóstico criminológico.

5.

¿Cómo se realiza una entrevista criminológica?

La entrevista criminológica tiene la estructura de cualquier entrevista; la diferencia radica en que busca causas y factores criminógenos que favorecen y originan la conducta delictiva, en lo individual, o el fenómeno delictivo, en lo general. En el primer caso se aplica a una persona vinculada a proceso y la información que se busca son las causas que llevaron al sujeto a adoptar una conducta delictiva; también se explora el grado en que los componentes de la personalidad antisocial están presentes en el individuo.

La entrevista se compone de:

a) *Rapport*. Crea un ambiente agradable en la comunicación para disminuir la ansiedad del evaluado. Fomenta un clima de confianza para que el entrevistado se comporte de manera natural. Para establecerlo hay que tomar en cuenta lo siguiente:

- Tratar con respeto al evaluado.
- Interesarse en escuchar al entrevistado.
- Buscar un espacio privado para realizar la entrevista.
- Aclarar que la información será tratada profesionalmente.
- Hacer preguntas abiertas en lugar de específicas.
- Explorar aspectos no relacionados con el tema central.

b) *Cima*. Una vez que existe el clima propicio de espontaneidad, confianza y seguridad, el entrevistador se aboca a obtener la información cuantitativa y cualitativa más significativa de las áreas tratadas, es decir, la información útil. En esta etapa es mayor la participación del entrevistado y menor la del entrevistador, un 80% y un 20%, respectivamente. Este es el momento de realizar preguntas abiertas, exploratorias o de sondeo, dando pauta a que el entrevistado se explaye, dejando para el último momento las preguntas directas.

Se abordan las áreas de interés como la familia, la salud, la escuela, el trabajo, la delictiva y la social, relacionadas con la personalidad del entrevistado o presunto delincuente. También es importante explorar los componentes de la personalidad antisocial (véase pregunta 27). Después de revisar estas áreas debe provocarse al entrevistado para que hable del hecho delictivo con el cual presuntamente está relacionado. Se interroga acerca de su participación o comisión del delito, el modo, el tiempo y lugar.

c)   *Cierre.* Son los últimos minutos antes de concluir la entrevista, por lo que es conveniente anunciar que el final se acerca, con frases como:

- ¿Hay algo que no le haya preguntado y considera que sea importante?
- ¿Existe algo por lo que lo pudieran chantajear?

También es el momento de informarle al entrevistado lo que sigue en su proceso particular.

La entrevista criminológica se utiliza en investigaciones de campo con cualquier persona relacionada al lugar objeto de estudio: víctimas, residentes, comerciantes locales, autoridades, estudiantes, entre otros. La finalidad es obtener información sobre factores criminógenos físicos y sociales relacionados con los delitos investigados, así como modos de operar de los delincuentes convencionales u organizados. La entrevista puede ser individual o grupal y la estructura será la misma mencionada en los párrafos anteriores, sin embargo, en este tipo de entrevistas se debe ser discreto y guardar la confidencialidad del entrevistado.

6.

¿Es posible detectar la mentira en una entrevista criminológica?

Sí, por medio de la sintomatología de la mentira, es decir, el incremento de las reacciones fisiológicas del cuerpo cuando el sujeto miente. Estas son provocadas por la ansiedad y el estrés que experimenta una persona cuando es sometida a una entrevista o interrogatorio. Dichas reacciones pueden influir en el lenguaje corporal, en la voz y en las microexpresiones del rostro, estas últimas investigadas por el doctor Ekman.

A través de la adecuada interpretación del lenguaje corporal es posible detectar si alguien está diciendo la verdad, ya que más del 90% de la comunicación entre humanos es no verbal; enviamos más información, ya sea verdadera o falsa, con nuestro tono de voz, gesticulaciones y posturas corporales que con las palabras que decimos.

A continuación se mencionan algunas manifestaciones del lenguaje corporal que se relacionan con el acto de mentir:

- Cambio del tono de la voz
- Pasar saliva
- Mostrar el blanco de los ojos
- Falta de contacto visual
- Parpadeo excesivo
- Frotamiento de las cejas
- Jugar con el pelo y la ropa
- Recoger pelusas u objetos diminutos
- Taparse la boca
- Cruzar los brazos y piernas y moverlos nerviosamente

Otra técnica o herramienta para detectar mentiras se basa en la programación neurolingüística. Esta teoría afirma que las personas al recordar o construir imágenes voltean la mirada a uno u otro lado según corresponda. Es decir, si una persona va a recordar puede ser que lleve su mirada hacia arriba y a la derecha, mientras que si va a construir una imagen o visualizar una idea, lo cual hace cuando miente, la mirada se dirigirá hacia arriba y a la izquierda.

Es importante mencionar que un solo aspecto o rasgo no es suficiente para detectar una mentira, más aún, las manifestaciones enumeradas anteriormente no significan lo mismo en todos los individuos, por lo que es imprescindible realizar una *calibración*, es decir, detectar las fluctuaciones o cambios propios de las personas con las que se interactúa. Su uso es mucho más común de lo que el lector pueda pensar, por ejemplo, en una relación de madre e hijo, la primera conoce y reconoce los cambios corporales y las gesticulaciones de su hijo, de modo que por más que él quiera ocultar o mentir respecto a su estado de ánimo, ella sabe que algo le sucede; lo mismo sucede en relaciones sostenidas durante largo tiempo como noviazgo, matrimonio o amistad, entre otras donde los sujetos tienen calibrados a sus pares.

7.

¿Es psicología criminológica lo que se ve en las películas y en las series televisivas policiacas?

La mayoría de las series televisivas y las películas de investigación policiaca no siempre aplican los principios de la psicología criminológica, puesto que se enfocan en la investigación de los delitos a partir de técnicas policiales y, en el mejor de los casos, de criminalística. Solo en algunas de ellas aplican la metodología de la autopsia psicológica para la elaboración de perfiles criminales, al buscar rasgos de trastornos de la personalidad. Aun en estos casos, el proceso no se lleva a cabo con rigurosidad, ya que la autopsia psicológica solamente es una herramienta que proporciona una hipótesis o línea de investigación; se utiliza para resolver muertes dudosas o casos donde se desconoce la identidad del autor del hecho delictivo. Las series de televisión presentan esta técnica de manera sensacionalista, ya que pareciera que a partir de su uso se pueden resolver todos los casos criminales.

En México, los medios de comunicación se han convertido en una especie de autoridad sobre el fenómeno delictivo (incluso por encima de los académicos). Sin embargo, muchas de las veces tergiversan la información creando en la audiencia una idea falsa de quién es el delincuente o de cómo se debe analizar el fenómeno delictivo.

Años atrás, Althusser (1997) consideró la televisión como un medio masivo de comunicación que construye ciertas realidades para presentarlas al observador con el objetivo de influir en su ideología. Es importante ser críticos sobre sus contenidos, pues no todo lo que presentan es un reflejo de la realidad. Para conseguir la atención de los televidentes, exageran algunos aspectos y minimizan otros. En México y en otros países, las investigaciones que se realizan no son como las series policiacas las presentan.

Por otro lado, la realidad que crean los medios masivos, como lo establece en sus postulados teóricos Fernández Reyes (2005), cobra relevancia para la criminología, ante la perpetración de crímenes en las pantallas.

Este autor subraya la importancia de la emoción de delinquir, promovida por una subcultura criminal, o como aspiración a una vida mejor. En ocasiones, ciertos criminales hacen de este arte su cultura y perciben las series televisivas o películas como una realidad distorsionada, en donde cada personaje que se presenta es una representación simbólica que recrea su propio acto criminal. En este fenómeno confluyen los valores del sujeto y lo internalizado a partir de su realidad social, que tiene que ver con el aspecto ideológico y cultural de nuestra sociedad mediática.

8.

¿Qué debo estudiar para ser psicólogo criminal?

En las universidades pueden estudiarse licenciaturas como psicología o criminología, las cuales dan al estudiante conocimientos generales sobre teorías psicológicas y criminológicas, respectivamente. Después de los estudios universitarios, es posible cursar maestrías o diplomados. Existen posgrados en ciencias penales como la Maestría en Criminología, impartida por el Instituto Nacional de Ciencias Penales (Inacipe). Si se opta por esta especialización, para poder ejercer como psicólogo criminal es necesario haber estudiado la carrera de psicología.

Hay que destacar que para ejercer esta profesión, al igual que en cualquier otra área del conocimiento, lo más importante es tener vocación por la carrera que se elija, así como por la especialidad por la que se opte.

9.

¿Por qué se aplican pruebas psicológicas a delincuentes?

La aplicación de pruebas psicológicas (*test*) a sujetos que han delinquido es parte de lo que se conoce como evaluación psicológica jurídica, la cual explora todos los aspectos positivos o negativos del sujeto en cuestión. Esto con el objetivo de establecer las causas que lo llevaron a delinquir, teniendo como parámetros la normalidad y la anormalidad. Las pruebas buscan indicios de rasgos y trastornos asociados a la conducta delictiva, como la agresividad, la indiferencia afectiva, el desprecio por las normas, la necesidad de admiración, obsesiones compulsivas, egocentrismo y adicciones, entre otras.

La información obtenida de las pruebas psicológicas también es utilizada en la elaboración del diagnóstico del delincuente y en el análisis que realiza la criminología clínica, lo que en el ámbito jurídico sirve de pauta para establecer la inimputabilidad o la imputabilidad del sujeto, entendiéndose esta última como la capacidad psíquica de un sujeto para responder por el delito cometido. Las pruebas más utilizadas para estos fines son:

- *Proyectivas*. Permiten llegar al inconsciente del sujeto; evalúan la personalidad o la presencia de trastornos emocionales, haciendo hincapié en sus capacidades cognitivas. Entre ellas encontramos la figura humana, el hombre bajo la lluvia, Rorschach, Apercepción Temática (TAT, por sus siglas en inglés), Casa–árbol–persona (HTP, por su siglas en inglés), entre otros.
- *Psicométricas*. Miden cualidades psíquicas y la inteligencia del sujeto. Entre ellas destacan Wais o escala de inteligencia de Weschler para adultos, Raven o matrices progresivas, la prueba breve de inteligencia de Kaufman y el inventario multifásico de la personalidad de Minnesota (MMPI, por sus siglas en inglés).

10.

¿Qué es la motivación delictiva?

Desde 1911, Thorndike explicaba, con relación a la inteligencia animal, que el aprendizaje es la base principal de la motivación. En el tema que nos compete, podemos decir que el nacimiento del deseo criminal se establece en el momento en que un sujeto, habiendo aprendido que la violencia es parte de su entorno y tras haber generado ideas de venganza, considera cometer un acto criminal. Ya sea el móvil principal el deseo de dañar o la repetición de un patrón de conducta aprendido, el satisfactor será saciar un deseo reprimido.

Hay dos tipos de motivación delictiva: la intrínseca (inherente a la persona) y la extrínseca (por contingencias externas).

La motivación intrínseca apunta a un sujeto dotado de capacidad y deseo de delinquir. En este tipo de motivación pueden existir factores de tipo neurológico que ciertamente influyen en el acto criminal. En la motivación extrínseca, los factores son externos, como la familia, el entorno y la sociedad. Estos pueden ser agentes causales del deseo criminal.

Otros criminales se verán motivados por la pulsión, la cual, vista desde el psicoanálisis, no es más que el deseo por la búsqueda de un placer insatisfecho o de un amor inconcluso cuyo origen está en la infancia y que puede acentuarse en la etapa adulta. Estos criminales son los que cometen delitos sexuales. Los delincuentes dedicados al robo, trata de personas, fraude o narcotráfico, tendrán como estímulo motivante el dinero o el placer de engañar a otro, lo que significa la reafirmación de su superioridad e inteligencia.

11.

¿Cuál es el enfoque psicoanalítico de la delincuencia?

La teoría psicoanalítica, desarrollada por Sigmund Freud, intenta ayudar a los pacientes a tomar consciencia de la información almacenada en su inconsciente. Freud, en sus estudios sobre este concepto y la conducta humana, diseñó un marco teórico basado en el aparato intrapsíquico, la topografía de la mente, el *eros* (vida), el *tánatos* (muerte) y las etapas del desarrollo psicosexual. A continuación explicamos estos aspectos y su relación con la delincuencia:

a) *Aparato intrapsíquico.* Compuesto por consciente, preconsciente e inconsciente. El consciente es la parte yoica, que está en contacto con la realidad. El inconsciente es todo aquello que no conocemos, pero está latente, y el preconsciente es la conexión entre los dos primeros, es decir, el que se encarga de recuperar información sin mucho esfuerzo y de llevarla al consciente. De estos tres componentes el que más interesa al psicoanálisis es el inconsciente. Según esta teoría, este puede influir en la conducta del ser humano, ya que en él se albergan las pulsiones, los instintos y los deseos reprimidos. Basándonos en este principio, el delincuente es una persona que comete delitos o despliega conductas antisociales por la represión de algún evento que haya vivido en la infancia. Un ejemplo de esto puede ser alguien que haya reprimido abusos o experiencias sexuales traumáticas y en un momento de agresividad o violencia explosiva comete lesiones u homicidios.

b) *La topografía de la mente.* Está formada por estas estructuras:

- *Ello:* regido por el principio del placer, en él se encuentran los instintos naturales: dormir, comer, defecar, excitarse, etcétera.

- *Yo:* en él se encuentra el principio de realidad, y sirve de mediador entre el *ello* y el *superyó.*
- *Superyó:* el principio del deber ser se hace presente en esta parte, donde se introyectan todas las normas de la sociedad, ya sean sociales, morales, jurídicas o religiosas.

Hay personas que adoptan conductas antisociales o delictivas para satisfacer sus instintos; se drogan y embriagan, cometen violaciones u homicidios con la finalidad de saciar sus necesidades. El delincuente es una persona incapaz de postergar o controlar su deseo por aquello que le brinda placer; siempre busca la satisfacción inmediata.

c) *Eros y tánatos.* El *eros* es la vida y el amor. Es lo que impulsa al individuo a desarrollarse y a emprender acciones por amor a la vida, como hacer ejercicio, comer saludable y bailar. El *tánatos* significa muerte; una persona que comete delitos actúa motivada por esta fuerza. Como ejemplo tenemos a los homicidas, los violadores, los secuestradores y otros delincuentes carentes de amor a la vida cuyo propósito es destruirla mediante estas conductas.

d) *Etapas del desarrollo psicosexual.* El desarrollo de la psique del ser humano puede explicarse a partir de los instintos sexuales. Durante alguna de las etapas del desarrollo puede darse una gratificación excesiva, o bien, una represión del placer, por lo que el sujeto puede quedarse *fijado* en alguna de ellas. Estas etapas son:

- *Etapa oral:* el niño siente placer en la boca y es satisfecho o reprimido por la madre, ya sea que le dé pecho en exceso o se lo niegue. El adulto con fijación en esta etapa puede desarrollar alcoholismo o drogadicción, ser proclive a la violencia verbal y la calumnia, entre otras conductas antisociales de las que obtiene el placer que experimentaba.
- *Etapa anal:* el placer se ubica en el control de los esfínteres, en la retención o expulsión del excremento. Se dice que esta fijación la tienen las personas envidiosas o derrochadoras, quienes pueden estar involucradas en delitos que atentan contra el patrimonio de otros como el fraude, el robo en cualquier modalidad y el abuso de confianza, entre otros.

- *Etapa fálica:* se caracteriza por la autoexploración del cuerpo y especialmente de los genitales. El reprimir o permitir la gratificación excesiva de los niños puede estar vinculado con la ejecución de delitos sexuales como hostigamiento sexual, estupro, incesto y violaciones en la edad adulta.

- *Etapa de latencia:* a partir de los seis años los instintos sexuales parecen adormecerse hasta la pubertad (11 o 12 años); sin embargo, al presentarse algún evento que altere el libre desarrollo psicosexual de la persona o al no poder manifestar su instinto sexual en esta etapa, se pueden generar episodios de agresividad y violencia. Los sujetos fijados en esta etapa pueden estar relacionados con homicidios, lesiones o violaciones.

- *Etapa genital:* si el sujeto no ha quedado fijado en alguna de las etapas anteriores, al llegar a esta, completará de manera satisfactoria su desarrollo psicosexual y podrá darse cuenta de la importancia y la función de sus órganos sexuales.

12.

¿Cuáles son las ciencias auxiliares en el estudio criminológico?

Se entiende por ciencia auxiliar aquella que sirve de complemento a otra ciencia para lograr una meta, objetivo o una mejor comprensión de aquello que se está estudiando.

En criminología se realizan tres niveles de interpretación; en cada uno de ellos se busca analizar, describir o explicar el fenómeno delictivo, para lo cual se auxilia de diferentes ciencias:

Nivel conductual. En este solo se analiza la conducta delictiva (homicidio, robo, secuestro, etcétera). Las ciencias de las que se auxilia son: criminalística, psicología y psiquiatría. Estos conocimientos se aplican en el lugar de los hechos o del hallazgo.

Nivel individual. Se analiza al sujeto que adoptó la conducta delictiva (homicida, ladrón, secuestrador, etcétera) y las ciencias en las que se apoya son trabajo social, medicina, psiquiatría, antropología, endocrinología y psicología. Los conocimientos que aportan se utilizan en el sistema penitenciario.

Nivel general. En este se estudian y analizan el conjunto de conductas delictivas como fenómeno social que afecta a la ciudadanía. Las ciencias auxiliares que se ocupan son sociología, psicología social y estadística. Estos conocimientos se aplican en instituciones de seguridad pública en el ámbito municipal, estatal y federal.

13.

¿Qué es la psicología?

Etimológicamente, la palabra *psicología* proviene del griego *psique,* que significa "alma", y *logos,* que significa "tratado". Está clasificada dentro de las ciencias humanas o sociales. Algunos autores la definen como la ciencia de la vida mental, de sus fenómenos y de sus condiciones; otros, como la ciencia que tiene por objetivo describir y predecir la conducta a partir de un estímulo o su respuesta. La definición que proponemos y que nos parece la más adecuada con respecto al objeto de estudio de esta obra es la siguiente:

> *Ciencia encargada del estudio de los procesos mentales a partir de los cuales el hombre regula su conducta, la cual podrá ser evaluada como normal o anormal, tomando en cuenta aspectos psicopatológicos.*

Esta definición reconoce la conducta como uno de los principales objetos de estudio de la psicología.

14.

¿Qué es la psicopatología?

Muchos autores plantean conceptualizaciones enfrentadas de este término, ya que se ubica en medio de dos disciplinas: la psicología y la psiquiatría. No obstante, si se parte del principio básico que indica que ambas confluyen y pueden ser complementarias, se puede llegar a una definición que, sin ser psicológica o psiquiátrica, sea útil para los fines de este libro:

Disciplina que estudia las causas y la naturaleza de las enfermedades mentales.

Esta definición cobra relevancia dentro del fenómeno delictivo porque fundamenta que, debido a la presencia de determinada enfermedad mental, algunos sujetos llegan a cometer delitos o a perjudicar el bien común. Esto se confirma en la praxis, específicamente en los diagnósticos psicológicos y psiquiátricos realizados a personas que han cometido homicidios u otros delitos.

15.

¿Qué es la criminología psicológica?

En el estudio y análisis del fenómeno delictivo como un hecho social, convergen diversas ciencias sociales, entre ellas la psicología y la criminología. De este modo, cada profesionista explica la conducta antisocial o delictiva desde su formación académica y con base en el marco teórico que fundamenta la práctica que ejerce.

Cuando la psicología busca dar una descripción o explicación respecto a la cuestión delictiva se conoce como psicología criminal; el psicólogo, con el bagaje de conocimientos propios de su formación, tratará de explicar por qué un sujeto tiene una conducta anormal, apoyándose en la criminología.

Cuando la criminología pretende dar la descripción o explicación del fenómeno delictivo desde lo psicológico, se denomina criminología psicológica; el criminólogo recurrirá a diversas teorías de la psicología y tomará de ellas los postulados, hipótesis, enunciados y conocimientos que le sean útiles para explicar las conductas delictivas. Esta última disciplina brinda los fundamentos necesarios para que la criminología logre su cometido, a saber, la prevención de las conductas delictivas.

Veamos un ejemplo. La criminología psicológica afirma lo siguiente:

Los factores criminógenos son los estímulos que un sujeto recibe de un medio ambiente criminógeno y la respuesta será la conducta delictiva.

Para acuñar este principio, retomó de la criminología el concepto del *factor criminógeno*, que es todo factor que favorece la aparición y el desarrollo de la conducta antisocial–delictiva. De la psicología general utilizó el paradigma conductista, el cual estudia la conducta observable, con base en la relación estímulo-respuesta.

Es importante que el lector entienda la relevancia de que distintas ciencias converjan en la explicación de un mismo objeto de estudio. Si el interesado en el fenómeno social de la delincuencia lo retoma como una buena práctica, esto mejorará sus competencias cognoscitivas y críticas para entender su materia de estudio.

16.

¿Cómo se define la psicología jurídica?

Como aquella rama de la psicología cuyo fundamento es el estudio de los procesos cognitivos que llevan al hombre a delinquir.

La psicología jurídica se dedica a la investigación y estudio del comportamiento humano en el ámbito jurídico. Analiza, explica, evalúa y diagnostica las conductas con las cuales puede declararse la imputabilidad o inimputabilidad del sujeto, así como si es capaz o incapaz.

La psicología jurídica y la criminología comparten el mismo objeto de estudio: la psicología individual del autor del delito. Según Augusto Sánchez Sandoval (2009), la psique del criminal se valora desde distintas perspectivas teóricas, tanto psicológicas como criminológicas, para determinar las causas de la conducta adoptada, definida como delito en un catálogo penal. Estas dos disciplinas describen las causas del comportamiento como alteraciones psicológicas que presenta el autor de un crimen.

La psicología jurídica y la criminología aportan al juez penal elementos suficientes para determinar el grado de culpabilidad del autor; lo anterior fundamentado en el artículo 52 del Código Penal Federal.

17.

¿Qué es la psicología forense?

De acuerdo con lo que establece el *Diccionario de la lengua española* de la Real Academia Española, etimológicamente el término *forense* deriva del latín *forensis,* referido al fórum de las ciudades romanas, es decir la plaza donde se trataban los negocios públicos y donde el pretor (magistrado) celebraba los juicios.

J. Urra (1993) explica que la psicología forense es *la ciencia que enseña la aplicación de todas las ramas y saberes de la psicología ante las preguntas de la justicia, y coopera en todo momento con la administración de la misma, actuando en el foro o tribunal para mejorar el ejercicio del derecho.*

En la praxis, la psicología forense sirve de apoyo para esclarecer la procedencia de la conducta de un sujeto, e incluso del sujeto en grupo. Esto lo lleva a cabo a través de interrogatorios o peritajes presentados ante las autoridades judiciales. También es la encargada de la valoración y el aporte de pruebas relacionadas con el comportamiento de un individuo, las cuales tienen alguna repercusión en los aspectos jurídicos de su caso.

18.

¿Se nace o se aprende a ser violento?

La doctora Feggy Ostrosky en su obra *Mentes asesinas* (2011) afirma que la agresión que ayuda a la adaptación del ser humano se puede considerar como benigna, pues es la *reacción espontánea y breve para protegernos de un peligro que nos acecha.*

Rodríguez Manzanera (2014) señala la agresividad positiva como un aspecto que beneficia a la persona y que le ayuda a afirmarse a sí misma. Como ejemplo tenemos el practicar un deporte en el que ser "agresivo" se considera como ser competitivo e implica un desempeño sobresaliente.

Ambos autores también plantean la contraparte, la agresión maligna (Ostrosky, 2011) o la agresión negativa (Rodríguez Manzanera, 2014). Esta tiene como finalidad destruir y dañar. La violencia es una actitud agresiva con la intención de causar daño.

De lo anterior, puede inferirse que se nace con la agresión. Sin ella no podríamos salir del vientre materno y no nos adaptaríamos al medio ambiente; pero no nacemos siendo violentos, si fuera así, desde pequeños haríamos daño a otros con toda intención.

De acuerdo con reconocidos autores, los humanos observan, imitan, aprenden, condicionan y refuerzan todo tipo de conductas, entre ellas, la conducta violenta. Este proceso surge de la interacción en la familia, la escuela, el barrio y, hoy en día, a través de los medios de comunicación como instancia socializadora.

No se nace violento, sino que se aprende a ser violento.

Esta acción de dañar en cualquiera de sus formas solo se da en donde se puede ejercer la violencia. Un individuo aprende que puede insultar y a acosar a sus compañeros en la escuela, pero sabe que no puede hacerlo con su familia. Otro puede ser violento con su esposa e hijos, pero no en el trabajo porque sabe que ahí no es posible hacerlo.

La violencia puede ser física, verbal, psicológica, sexual, económica o estructural; se presenta en la familia, en la escuela, en la vía pública, en el trabajo y en todos los ámbitos donde se da una interacción con otras personas o seres vivos. La violencia implica una relación de poder y dominación entre el victimario (que ejerce la violencia) y la víctima (destinataria de la violencia).

19.

¿Cuál es la importancia de la valoración jurídico-psicológica de la debilidad mental?

La valoración jurídica se realiza respecto a la capacidad o la incapacidad mental de un sujeto para hacerse responsable de la conducta en la que incurre o bien respecto a la capacidad que tiene para hacerse responsable de su persona o de sus bienes. El concepto de *capacidad jurídica* que está incluido en el Código Civil Federal en su artículo 22, a la letra dice:

> *La capacidad jurídica de las personas físicas se adquiere por el nacimiento y se pierde por la muerte; pero desde el momento en que un individuo es concebido, está bajo la protección de la ley y se le tiene por nacido para los efectos declarados en el presente Código.*

El Código Federal de Procedimientos Civiles, en sus artículos 93, 143 y 450, regula la prueba pericial como medio para demostrar en un juicio la debilidad mental de una persona y, en consecuencia, su incapacidad.

Es importante considerar que la minoría de edad y el estado de interdicción o incapacidad son limitaciones a la personalidad jurídica establecidas por la ley. Estas no deben menoscabar o disminuir la dignidad de la persona, ni atentar contra la integridad de la familia. Los incapaces sí pueden ejercer sus derechos y contraer obligaciones, siempre y cuando exista de por medio un representante legal.

En el ámbito penal, el delito se excluye cuando, al momento de realizar el hecho, el ejecutor no tuvo la capacidad de comprender su carácter ilícito, ni de actuar en consecuencia; es necesario demostrar que padece algún trastorno mental o algún desarrollo intelectual anómalo. Esto no aplica cuando el sujeto provoca su trastorno mental dolosa o culposamente. En ese caso responderá por el resultado de sus acciones, siempre y cuando lo haya previsto o le fuera posible preverlo.

La valoración jurídica coadyuva al sistema judicial para determinar hasta dónde un sujeto puede responder por sus actos. Esta se apoya en especialistas como psicólogos y psiquiatras, que realizan un diagnóstico a través de la aplicación de diversos instrumentos psicológicos.

La Organización Mundial de la Salud (OMS) define a los deficientes mentales como "individuos con una capacidad intelectual sensiblemente inferior a la media que se manifiesta en el curso del desarrollo". Para estos fines, la deficiencia mental debe ser entendida como *aquel funcionamiento intelectual general, significativamente inferior a la media o promedio, asociado a un déficit en la conducta adaptativa.* Este puede originarse antes o durante el nacimiento, o bien en algún periodo del desarrollo.

20.

¿En qué consiste la psicología de la investigación del delito?

El derecho penal define el delito como *la acción u omisión que sancionan las leyes penales.*

La psicología analiza los factores internos y externos de la comisión del delito, así como las causas que lo motivaron.

La psicología de la investigación del delito tiene como objetivo *el estudio del comportamiento de los actores involucrados en el delito* (véase anexo 1). Es decir, las lógicas en las que se relaciona el victimario con la víctima. Revisemos dos de ellas: en la primera, el delincuente cree que la víctima es inferior y piensa que nunca será descubierto por causarle algún daño (sentimiento de superioridad); en la segunda, el victimario percibe a la víctima como un ser superior y arrogante que tiene que ser destruido (sentimiento de inferioridad).

En ambas lógicas los delincuentes presentan rasgos de personalidad como bajo autocontrol, ansiedad, impulsividad, insensibilidad, tendencia a tomar riesgos, al aislamiento y a presentar conductas adictivas. Estos rasgos pueden ser resultado de la presencia de un trastorno mental, el cual hace actuar al sujeto sin plena conciencia.

21.

¿En qué consiste la salud mental según la Organización Mundial de la Salud?

Según la OMS, la salud mental es *el bienestar que una persona experimenta como resultado de su buen funcionamiento en los aspectos cognoscitivos, afectivos y conductuales, y en última instancia, implica el despliegue óptimo de sus potencialidades individuales para la convivencia, el trabajo y la recreación.*

Así, la salud mental está relacionada con las óptimas condiciones de los procesos mentales, como la sensopercepción, la atención, la emoción, la memoria, el lenguaje, el pensamiento y el aprendizaje. Esto le permite al sujeto estar en contacto con la realidad, facilita la adaptación a su entorno y su desarrollo personal.

Un individuo con salud mental cuenta con una fuerte estructura psíquica, lo que le permite tener una adecuada percepción de la realidad, tanto de sí mismo como de los estímulos externos; lo que conlleva una construcción funcional de la autoimagen, basada en el autoconocimiento y la autoaceptación. En conjunto, todos estos aspectos influyen de manera significativa en la calidad de las relaciones interpersonales que una persona establece.

En el caso de que exista alguna disfunción o anormalidad en alguno de los aspectos citados, el sujeto presentará conductas que le dificultarán la adaptación adecuada en los distintos ámbitos de su vida (familiar, laboral y social, entre otros). Si la alteración es mayor, puede llegar a desarrollar algún tipo de trastorno de la personalidad.

22.

¿Quién define cuáles son los trastornos mentales?

Un trastorno mental se manifiesta cuando una persona presenta alteraciones cognitivas que repercuten en su conducta.

Los trastornos mentales son definidos por dos normas internacionales: la Clasificación Internacional de Enfermedades (CIE-10) y el *Manual diagnóstico y estadístico de los trastornos mentales* (DSM-V). Ambos marcan las pautas para establecer diagnósticos en pacientes ingresados o ambulatorios; en hospitales de día, en psiquiatría de enlace, consulta privada y asistencia primaria.

La CIE-10 reúne la clasificación de las familias de este tipo de trastornos y de las circunstancias relacionadas con la sanidad mental.

El DSM-V es un instrumento que da a conocer estudios estadísticos sobre salud pública.

La Asociación Americana de Psiquiatría (APA, por sus siglas en inglés) se reúne para determinar los trastornos contenidos en el DSM-V y actualizar, si es necesario, su contenido. Hasta la fecha hay cinco ediciones que sirven de consulta para los profesionales de la salud mental y, con ciertas limitaciones, también para profesionistas relacionados con las ciencias jurídicas.

23.

¿Cuál es la utilidad del DSM-V para la psicología criminológica?

El *Manual diagnóstico y estadístico de los trastornos mentales* (DSM-V) se utiliza para establecer un diagnóstico de la existencia o inexistencia de una psicopatología en un sujeto. Contiene el modelo de rasgos, el cual es una síntesis de los siguientes modelos teóricos: Big Five o modelo de los cinco dominios, Cloninger o modelo de las siete dimensiones, Livesley o modelo de los cuatro factores, Clark y Watson o modelo de los tres factores, y el Million o modelo de las tres polaridades. Estos modelos, en conjunto, evalúan conducta disocial, inhibición, compulsividad, afectividad negativa y positiva, restricción de la expresión de emociones, relaciones interpersonales, respuesta al placer y al dolor.

El DSM-V, y anteriormente su versión IV, es utilizado por la psicología criminalística para determinar los casos de inimputabilidad, en los cuales se aplica una medida de seguridad, que es una sanción complementaria o sustitutiva de las penas que la ley marca.

Veamos un ejemplo: Claudia Mijangos, en 1989, en la ciudad de Querétaro, privó de la vida a sus tres hijos; la causa: alucinaciones auditivas. Después de un diagnóstico psiquiátrico basado en este manual, el juez la sentenció con una medida de seguridad de 30 años. Actualmente se encuentra en el Centro de Readaptación Social de Tepepan, en Xochimilco, Ciudad de México.

24.

¿Qué es un trastorno de la personalidad?

El trastorno de la personalidad (TP) es *un conjunto de alteraciones que se manifiestan en la conducta del sujeto y que se desvían de lo que consideramos normal*, entendiendo la normalidad como las conductas socialmente aceptadas dentro de los parámetros culturales y que no delatan ninguna alteración psíquica.

De acuerdo con lo establecido por el *Manual diagnóstico y estadístico de los trastornos mentales* (DSM-IV y DSM-V), el trastorno de la personalidad se define como aquel patrón permanente e inflexible de experiencia interna y de comportamiento que se aparta acusadamente de las expectativas de la cultura del sujeto; tiene su origen en la adolescencia o al principio de la edad adulta, es estable a lo largo del tiempo y produce malestar o perjuicios para el sujeto.

Las causas de los trastornos de la personalidad se desconocen, aunque se cree que factores genéticos y ambientales juegan un papel importante en su desarrollo.

25.

¿Cómo están clasificados los trastornos de la personalidad?

Los trastornos de la personalidad se dividen en tres grupos definidos por las similitudes de sus características. Estos son:

Grupo A. Incluye los trastornos paranoide, esquizoide y esquizotípico de la personalidad. Tienen como característica principal la presencia de conductas raras o excéntricas. Los sujetos que los presentan tienen demandas altas de atención y poca tolerancia a la frustración. Ambos factores pueden llevarlos a la comisión de actos delictivos.

Grupo B. Considera los trastornos antisocial, límite, histriónico y narcisista de la personalidad. Los sujetos que los presentan suelen parecer dramáticos, emotivos o inestables. Su comportamiento se focaliza en la exteriorización de estados de ánimo; van de la alegría al llanto en un lapso muy corto de tiempo, durante el cual predomina la exacerbación de las emociones. A estas personas se les vincula con la comisión de crímenes pasionales, estafas, fraudes y robos, entre otros delitos.

Grupo C. Incluye los trastornos por evitación, dependencia y obsesivo-compulsivo de la personalidad. Los sujetos con estos trastornos suelen parecer ansiosos o temerosos; ser corrosivos, con cambios constantes en el estado de ánimo y miedo al desprendimiento de algo o de alguien, considerando que es el apego lo que los perturba. Cabe resaltar que es más probable que las personas con dependencia sean víctimas; el caso contrario es el trastorno obsesivo-compulsivo, que puede estar presente en asesinos seriales o en masa, pues presentan ideas repetitivas como asesinar.

26.

¿Cuáles son los trastornos de la personalidad más comunes en el fenómeno delictivo?

La personalidad es definida por distintos autores como *el conjunto de aspectos internos y externos donde confluyen factores biológicos, psicológicos y sociales que rigen el comportamiento de cada persona.* La adecuada estructura de la personalidad permite a los individuos adaptarse de manera armónica a su entorno. En caso contrario, un sujeto *mal estructurado* puede llegar a desarrollar trastornos de la personalidad y una incapacidad para adaptarse a la sociedad. Esto lo puede llevar a participar en hechos delictivos, ya sea como víctima o victimario. Los trastornos de la personalidad más comunes, relacionados con el fenómeno delictivo, se caracterizan a continuación:

- *Trastorno límite:* relaciones interpersonales inestables o intensas, alteración de la identidad, impulsividad y manifestación de la ira.
- *Trastorno disocial:* crueldad física con personas o con animales, a menudo inicia peleas físicas o recurre a la mentira.
- *Trastorno antisocial:* impulsividad, agresividad, irritabilidad, falta de arrepentimiento.
- *Trastorno paranoide:* sospecha, preocupación, percibe ataques a su persona.
- *Trastorno esquizoide:* falta de disfrute en las relaciones personales, actividades solitarias, escaso interés en experiencias sexuales, indiferencia a los halagos o a las críticas, frialdad emocional e incluso aplanamiento de la afectividad.
- *Trastorno esquizotípico:* creencias raras o mágicas, ideación paranoide, excentricidad, falta de amigos.
- *Trastorno narcisista:* exageración de logros, exigencia de admiración excesiva, falta de empatía, envidia hacia los demás o creencia de que lo envidian.

- *Trastorno histriónico:* gusta de ser el centro de atención, sexualmente seductor o provocador, exagerada expresión emocional.
- *Trastorno por evitación:* miedo a ser ridiculizado, sentimientos de inferioridad.
- *Trastorno obsesivo-compulsivo:* preocupación por el orden, dedicación excesiva al trabajo, terquedad.

Para profundizar en el estudio de estos trastornos, se recomienda consultar la Clasificación Internacional de Enfermedades (CIE-10) de la OMS y el *Manual diagnóstico y estadístico de los trastornos mentales* (DSM-IV, DSM-IV-TR y DSM-V).

27.

¿Cuáles son los componentes de la personalidad antisocial?

Para poder describir los componentes de la personalidad antisocial, es necesario entender la forma de conducirse de una persona con este trastorno, la cual manifiesta la mayoría de los siguientes aspectos: inestabilidad, autoagresión, dificultades en el pensamiento, inmadurez, hostilidad, contenido verbal sádico, gusto por burlarse de los demás, autoritarismo, disminución del sentimiento de culpa, dificultad para expresar emociones y manifestación de sentimientos de inferioridad. Todo lo anterior implica la imposibilidad del sujeto para adaptarse a las normas sociales. A continuación, se describen los rasgos más relevantes de la personalidad antisocial:

- *Egocentrismo:* el sujeto vive exaltando sus aspectos personales, por lo que siente que debe ser el centro de atención. Existen tres tipos de egocentrismo: el afectivo, el social y el intelectual; este último es el que interesa a la criminología clínica, ya que el sujeto con egocentrismo intelectual no acepta la imposición de normas sociales y no tiene la capacidad de modificar su esquema de valores, lo que lo hace más propenso a cometer delitos.
- *Indiferencia afectiva:* el individuo padece afectividad plana. El criminal no presenta ningún signo emocional ante el sufrimiento de sus víctimas. Como ejemplo, tenemos a los sicarios que privan de la vida y mutilan cuerpos con saña.
- *Labilidad afectiva:* la persona presenta fluctuación e inestabilidad en sus emociones. Va de una emoción a otra y las manifiesta de manera desproporcionada. Ejemplo de ello son los sujetos que se dejan llevar por la ira y la transforman en violencia explosiva, causando lesiones graves a otros, pero después del episodio se muestran alegres como si nada hubiera ocurrido.

- *Agresividad exacerbada:* Tocaven (1991) explica que la agresión constituye una fuerza básica inherente al hombre y necesaria para su supervivencia, por lo que es una característica normal de toda persona. Sin embargo, cuando esta se manifiesta de forma agravada implica que la persona es impulsiva, intolerante y que provocará a cualquiera para enfrentarse físicamente (vése anexo 2).

28.

¿Cuál es la utilidad de la psiquiatría forense y su aplicación en exámenes periciales?

La psiquiatría forense es *una especialidad derivada de la función médica; se encarga de estudiar el comportamiento normal y anormal del sujeto que ha participado en la comisión de un hecho delictivo.* Su objetivo es establecer si actuó o no por las manifestaciones de alguna enfermedad mental o estado emocional patológico. También determina el grado de peligrosidad del sujeto en cuestión. El médico psiquiatra establece un dictamen pericial que sirve como prueba en procesos judiciales para determinar si el sujeto es imputable o inimputable.

Puntualmente la psiquiatría forense sirve para determinar:

- Presencia o ausencia de patología mental
- Farmacodependencia
- Trastornos de la personalidad
- Trastornos sexuales por factores psíquicos
- Potencialidad agresiva
- Recomendaciones de tratamiento, internamiento o de alta de personas con patología mental
- Casos de simulación o disimulación

La utilidad de la psiquiatría forense para el sistema de justicia se manifiesta al momento de dictar sentencia, pues un dictamen psiquiátrico permite al juez evaluar si al sujeto activo se le aplica una pena privativa de la libertad o una medida de seguridad.

29.

¿Qué es la grafopsicología criminal?

La grafopsicología criminal es *el estudio que se hace de la escritura de un sujeto con el objetivo de determinar los aspectos psicopatológicos que se reflejan en sus trazos.* Brinda elementos para determinar si estamos frente a un asesino o un delincuente del fuero común. También se utiliza para saber si la víctima realmente es la que sufrió el agravio o no.

Por ejemplo, la escritura de un dependiente de sustancias tóxicas presenta los siguientes elementos:

- Letras saltadas sin control
- Temblor vertical
- Dificultad para el trazado de círculos
- Cierres sin armonía
- Movimientos mecánicos, rígidos y bruscos
- Escritura espasmódica
- Mayúsculas demasiado grandes
- Letras ascendentes y descendentes

Esto nos indica que el sujeto exhibe las siguientes problemáticas:

- Dificultad para autocontrolarse
- Disminución presente en el rendimiento de las actividades psíquicas y físicas
- Pérdida del sentido de orientación espacial

Para tener un conocimiento profundo al respecto de esta interesante técnica, es necesario que el lector investigue más sobre la grafología y su aplicabilidad, sus orígenes y fundamentos.

30.

¿Cuáles son los tres modelos de anormalidad?

Para entender la anormalidad, primero es necesario describir a lo que nos referimos por normalidad; esta puede ser entendida desde dos perspectivas: la social y la psicológica.

La primera señala que la normalidad son aquellas conductas que, aunque no sean correctas, por el solo hecho de que la mayoría las repite (modas) llegan a ser consideradas por el colectivo como adecuadas. Por ejemplo: fumar, tomar alcohol, tener relaciones sexuales antes del matrimonio, etcétera.

La segunda hace alusión a la estructura psicológica del sujeto que le permite adaptarse a su entorno. En caso contrario, una inadecuada estructura se manifiesta en trastornos diversos.

De acuerdo con Hikal (2013), los modelos psicológicos de la anormalidad son los siguientes:

- *Modelo psicoanalítico de la anormalidad.* Explica que la anormalidad se genera desde la infancia. Autores como Freud y otros explican la personalidad desde un punto de vista psicosexual: los deseos internos del hombre de experimentar placer se contraponen con su mundo exterior.
- *Modelo humanista de la anormalidad.* Sostiene que el hombre desarrolla un comportamiento anormal a partir de la búsqueda incesante por satisfacer sus necesidades.
- *Modelo conductual de la anormalidad.* Explica que el problema de la anormalidad es psíquico y, por lo tanto, capaz de llevar al hombre a modificar su conducta. A partir del establecimiento de cierto condicionamiento, el individuo buscará cubrir necesidades y satisfacer placeres.

31.

¿Qué relación existe entre la psicopatología y la responsabilidad criminal?

Cuando se trata de establecer la responsabilidad penal del delincuente y se duda de su facultad mental, es necesario recurrir al estudio del aspecto psicopatológico. Esto con el objetivo de determinar la imputabilidad o inimputabilidad del sujeto activo.

Para que un individuo pueda ser declarado culpable de un delito, se debe demostrar que el acusado tiene la capacidad para llevar a cabo una acción criminal, que goza plenamente de sus facultades mentales y que es por completo consciente y conocedor de su acción.

Lo anterior implica que, al hacer la valoración correspondiente, podemos observar a una persona con conducta antisocial que resulte responsable del delito cometido y que sea declarada imputable por contemplarse la observación de conductas desviadas, tales como la falta de remordimiento, irritabilidad y agresividad; no sucede así en el caso de la psicopatía, donde existe déficit en la afectividad, lo que evidentemente lleva a un análisis profundo centrado en la personalidad y en todo lo que representan las acciones cometidas.

32.

¿Cuál es la utilidad del peritaje psicológico forense y del peritaje psicológico preventivo?

La psicología y el derecho colaboran al momento de realizar una evaluación psicológica para determinar la imputabilidad o inimputabilidad, capacidad o incapacidad, de un sujeto.

Dicha colaboración también se presenta en los juicios del orden de lo familiar, cuando se disputa la guarda y custodia de un menor o para probar la comisión de un ataque sexual.

En los tipos de juicios mencionados, las partes involucradas aportan como prueba el peritaje psicológico de la persona acusada, el cual establece su capacidad emocional y cognitiva.

A continuación, explicamos los dos tipos de peritaje usados con más frecuencia:

Peritaje psicológico forense. La evaluación psicológica forense consiste en una prueba en la cual el experto establece los elementos necesarios para determinar la responsabilidad penal de un sujeto. Esta evaluación se materializa a través de un informe pericial que contiene los siguientes aspectos:

- La descripción de los elementos a evaluar
- La normatividad
- La descripción de la persona evaluada.
- La orientación del sujeto en las esferas de tiempo, lugar y personal
- El marco teórico
- Las conclusiones

Este tipo de peritaje trata de explicar el comportamiento del sujeto ante la comisión de un hecho delictivo.

Peritaje psicológico preventivo. Valoración psicológica con la cual se podrá predecir el grado de peligrosidad de un sujeto, así como también el proceso de incorporación o reincorporación social necesario para evitar la reincidencia o presencia de conductas delictivas. Esta información también es útil para diseñar políticas sociales para la prevención de conductas criminales.

33.

¿Cómo es la personalidad de la mujer criminal?

A lo largo de la historia, a la mujer se le ha impuesto un rol que, sin importar la cultura a la que pertenece, la deja en desventaja frente al hombre; en cualquier situación se le exige ser sumisa y abnegada. Este rol que socialmente se le asigna promueve tal desigualdad que en algunos países le llega a costar hasta la vida.

Como contraparte, la mujer criminal se caracteriza por presentar conductas retadoras que tienen su origen en el rezago social, la falta de afecto y la falta de seguridad que la rodean. Estas mujeres, en su mayoría, se caracterizan por llevar vidas autodestructivas, tienen historias familiares de desapego, violencia o abandono. El deseo por delinquir se presenta como respuesta a ese maltrato socioemocional del que fueron víctimas.

También los procesos hormonales, que a diferencia de los hombres las mujeres presentan de manera acentuada, pueden convertirse en alteraciones del estado emocional. Estas fluctuaciones del estado de ánimo podrían ser la causa de la perpetración de muchos de los delitos cometidos por mujeres.

34.

¿En qué consiste la neurosis carcelaria?

Para Goffman (1973), la cárcel se define como una *institución total*, la cual se caracteriza por ser un lugar de residencia donde muchas personas aisladas de la sociedad por cierto periodo comparten en su encierro una rutina administrada formalmente. Esta institución total despersonaliza a la parte *yoica* del sujeto, que tenía fortalecida al estar en libertad, para reemplazarla con un nuevo rol: el de interno de un penal.

Muchas veces esta situación provoca en el individuo algo que los internos llaman "carcelazo", un estado depresivo que puede manifestarse con violencia heterodirigida (hacia otros), como riñas, lesiones u homicidios, o como violencia autodirigida (hacia uno mismo), como el consumo de drogas o el suicidio.

La neurosis, en la mayoría de los casos, es el trastorno mental que subyace a este fenómeno y se caracteriza por la presencia de intensa ansiedad, sin que se pierda contacto con la realidad, pero sí experimentando sufrimiento, abatimiento y dificultad para integrarse a las actividades rutinarias.

Para Hilda Marchiori (2002), las características que diferencian la neurosis de otros trastornos son:

- No hay afectación en la conación, es decir, el neurótico puede actuar voluntariamente en función de sus intereses.
- No se observan trastornos a nivel intelectual en la solución de problemas sociales, ni para adaptarse a su entorno.
- No se producen alteraciones en la memoria.
- Afectivamente, el neurótico siente intensamente su angustia, que progresivamente ocupa el centro de su modo de existencia.
- Comúnmente el neurótico manipula a su familia, a través de sus síntomas, para controlarlos y llamar su atención.

- El neurótico no sufre trastornos en la orientación espacio-temporal. No presenta alteraciones graves en su atención y psicomotricidad.

Como se señaló anteriormente, la neurosis es la alteración que lleva al sujeto a estados de desaliento en actividades gregarias, pero, dentro del sistema penitenciario, los efectos son mucho peores debido a los siguientes factores: la incertidumbre con respecto al tiempo que se estará en el penal; la personalidad de cada recluso y, principalmente, la poca tolerancia a la frustración. Por el hecho de estar encerrado en una situación tan precaria, un neurótico puede llegar a matar si no cuenta con atención psicológica oportuna.

Los reclusos jóvenes son quienes padecen en mayor grado la situación del encierro; pueden presentar ansiedad y neurosis, debido al anhelo constante de recuperar su libertad. Manifiestan conductas ambulatorias acompañadas de ocio, así como conductas adictivas; ambas, como un paliativo para calmar sus síntomas.

35.

¿Qué es y cómo se usa la cámara de Gesell?

Esta cámara fue creada por Arnold Gesell con la intención de poder registrar las observaciones de los pacientes, sin que ellos supieran que estaban siendo examinados. Se trata de una habitación dividida en dos partes por un cristal casi del tamaño de la pared; de un lado se puede observar lo que sucede del otro, mas no a la inversa. Este cuarto, idealmente, debe contar con una cámara de observación, mesas y sillas, monitor de circuito cerrado, consola, mezcladora, micrófono, bocinas, amplificador y videograbadora.

La cámara de Gesell sirve de herramienta para realizar diversos procesos de interacción humana, como terapias psicológicas, interrogatorios, grupos focales, etcétera. También se usa en prácticas formativas, de manera individual o grupal, para estudiar diversas técnicas psicológicas, como las entrevistas, observaciones terapéuticas, dinámicas de grupos.

Es una herramienta que ayuda a fortalecer competencias específicas como:

- Observación de la conducta en las diferentes etapas del desarrollo humano
- Entrevista para la integración de la historia clínica del paciente
- Registro de reacciones fisiológicas a diversos estímulos
- Detección de reacciones del consumidor frente a un producto o un anuncio
- Registro de terapias individuales y grupales
- Aplicación de pruebas psicométricas

36.

¿Qué es el *Reading Face* y qué evalúa?

Reading Face significa lectura del rostro. Es una técnica que se utiliza para realizar la perfilación criminal, considerando las características físicas y las líneas de expresión del sujeto. También se utiliza como técnica alternativa a los retratos hablados de presuntos delincuentes; considera la forma y la simetría del rostro, la posición de los ojos y de las cejas, prominencia de los pómulos, crecimiento de las pestañas y tamaño y forma de la nariz.

Este estudio de la fisonomía de la cara brinda indicios del comportamiento de los individuos y de conductas futuras. Permite sugerir aspectos de su carácter, de su personalidad, de su desarrollo en las distintas etapas de la vida y de cómo manejan ciertas situaciones estresantes.

El *Reading Face* es una herramienta, mas no un estudio determinante en la elaboración del perfil de un delincuente, por lo que también se debe de recurrir a otras técnicas que permitan en conjunto un conocimiento más profundo del sujeto en cuestión (véase anexo 3).

37.

¿En qué consiste un diagnóstico criminológico?

De acuerdo con Rodríguez Manzanera (1992), el diagnóstico criminológico *tiene como objetivo precisar el grado de peligrosidad del sujeto estudiado*. Puede determinar, a partir de la observación y el análisis de la conducta presente, si una persona puede ser peligrosa para la sociedad, incluso en el futuro.

Para la elaboración de un diagnóstico criminológico se parte de la revisión y el análisis de todos los documentos relacionados con el delincuente (carpeta de investigación, exámenes psicológicos y médicos), de la realización de una entrevista, y de la observación directa del sujeto. Con la información obtenida, el criminólogo deberá diagnosticar al sujeto con relación al grado de peligrosidad que muestre, determinando si es baja, media o alta; asimismo realizará un pronóstico y prescribirá un posible tratamiento (ver anexo 4).

La capacidad criminal y el grado de adaptabilidad social son los elementos que se toman en cuenta para determinar este grado de peligrosidad.

La *capacidad criminal* es definida como la perversidad constante o activa del delincuente y se determina a partir de la presencia de los siguientes aspectos: agresividad, egocentrismo, labilidad o inestabilidad afectiva e indiferencia afectiva.

La *adaptabilidad social* se define a partir de la presencia o ausencia de los siguientes aspectos: adaptación social, tendencias antisociales e identificación criminal.

Hay un primer grupo de individuos, bien adaptados a la sociedad, que también pueden causar daño al bien común. En estos casos el componente de la capacidad criminal es determinante en el grado de peligrosidad que se posee. Personas con un alto nivel de estudios y buena posición económica cometen conductas antisociales o delictivas. Ejemplo de esto son los fraudes financieros, que son ejecutados por individuos con acceso a documentos, información y dinero de empresas e instituciones de gobierno.

En un segundo grupo están los sujetos con una capacidad criminal alta y una adaptabilidad social baja; su grado de adaptabilidad indica que estos individuos desconocen o no les interesa seguir las normas básicas de convivencia. Aunado a una alta capacidad criminal, estos sujetos pueden llegar a cometer delitos graves, como secuestros, violaciones, homicidios y robos, entre otros.

En un tercer grupo están las personas con capacidad criminal y adaptabilidad bajas. Los delitos que llegan a cometer no son graves: robos de baja cuantía, lesiones u homicidios relacionados con el abuso de alcohol. Estas personas pueden llegar a ser utilizadas por narcotraficantes como "burros", "mulas" o *dealers* para el trasiego de drogas. Los individuos que se incluyen en este grupo generalmente cometen delitos contra la salud, pero también, en un estado emocional alterado, pueden cometer homicidios culposos. Ejemplo de esto es alguien que, en defensa propia, priva de la vida a una persona que intenta robarle, secuestrarlo o violarlo; también pueden ser delitos culposos los que resultan de accidentes automovilísticos (Rodríguez Manzanera, 2014).

Los dos últimos grupos conforman el grueso de la población penitenciaria, ya que en el primer grupo se encuentran personas que tienen poder en la sociedad y solo en raros casos —cuando hay pugna entre poderosos— algunos de ellos llegan a cumplir su pena en un centro de reclusión. Respecto al tercer grupo, debido a que son personas que cometen un delito de manera ocasional o culposa, el que vuelvan a delinquir (reincidencia) es poco probable (Rodríguez Manzanera, 2014).

38.

¿Qué es un asesino serial?

El asesino serial es *un individuo que comete crímenes con intervalos de tiempo entre una víctima y otra.* En ocasiones intima con la víctima y para la perpetración del crimen utiliza cuchillos, sogas para estrangular, macanas o algún objeto para golpear. Evita en lo posible instrumentos que ocasionen la muerte automática de la víctima, lo que garantiza una agonía prolongada, satisfaciendo el gusto del criminal por verla sufrir.

En los análisis criminológicos de los asesinos seriales, al describir la génesis del crimen, se señala que durante su niñez se presentaron una diversidad de factores, denominados causales, que influyeron en la formación de su personalidad; por ejemplo, muchos de ellos sufrieron abusos físicos, psicológicos y sexuales, tanto en su entorno familiar como en el escolar, de modo que estos sujetos generaron un gran resentimiento contra las personas que les ocasionaron daño y contra la sociedad en general y en su vida adulta buscaron descargar sus emociones contenidas contra otros más débiles.

En general, los asesinos seriales al perpetrar sus crímenes presentan las siguientes fases:

- *Fase áurea:* El homicida comienza a encerrarse en su mundo imaginario, la idea del crimen se va gestando y fantasea en torno a esta.
- *Fase de pesca:* El asesino comienza su búsqueda en aquellos sitios donde considera que podría hallar al tipo de víctima preciso.
- *Fase de seducción:* El asesino siente un placer especial al atraer a sus víctimas generando un falso sentimiento de seguridad y burlando sus defensas.
- *Fase de captura:* Consiste en cerrar la trampa. En el momento en que estos sujetos tienen la oportunidad de ver las reacciones

aterrorizadas de sus víctimas, se inicia una especie de juego sádico que suelen disfrutar notablemente.

- *Fase del asesinato:* En muchos casos, la perpetración del crimen funciona como un sustituto del acto sexual. El momento en que la víctima muere representa el clímax que el multihomicida estaba buscando desde el momento en que había fantaseado con cometer el asesinato.

- *Fase fetichista:* Para prolongar la experiencia, durante el periodo previo al siguiente asesinato, el criminal guarda un objeto o fetiche asociado a la víctima.

- *Fase depresiva:* Después del crimen, el asesino serial experimenta una etapa depresiva. La reacción más frecuente ante este sentimiento se traduce en un renovado ímpetu por cometer el siguiente homicidio.

Algunos de los asesinos seriales más conocidos que han salido a la luz pública son Cayetano Santos Godino, Albert Fish, Erzsébet Báthory, Jack el Destripador, Ted Bundy, Andréi Chikatilo, Charles Manson, Jeffrey Lionel Dahmer, Luis Alfredo Garavito, Ed Gein, Paul Bernardo y Karla Homolka, Gary Ridgway, Manuel Delgado Villegas, Juan Vallejo Corona, Juana Barraza Samperio, Francisco Guerrero, José Luis Calva Zepeda y Gregorio Cárdenas.

39.

¿Qué se entiende por asesino en masa?

El francés Gustave Le Bon señala que la masa es una agrupación humana con pérdida de control racional, sugestionable, que presenta contagio emocional, con sentimiento de omnipotencia y que brinda anonimato a los individuos que la forman. Al respecto, Morales (1994) nos dice: "Los miembros de las colectividades están dominados más por los instintos atávicos de su raza que por decisiones racionales".

A diferencia del asesino serial, un asesino en masa mata a todos los que puede y después firma su crimen. Presenta un perfil con los siguientes factores causales: situaciones familiares problemáticas (hijo de parejas disfuncionales), víctima de abuso infantil y consumo de sustancias tóxicas, que en ocasiones producen alteraciones psicológicas. Estos factores generan resentimiento y odio hacia la sociedad. Los asesinos en masa cometen varios homicidios, pero en un solo evento, es decir, en un episodio de violencia explosiva matan a un número indeterminado de personas. Comúnmente preparan estos ataques con mucha antelación. Se caracterizan por ser personas aisladas e inteligentes, lo que les permite pasar desapercibidas, incluso después de haber perpetrado el crimen.

40.

¿Qué relación tienen las lesiones en la zona frontal y prefrontal del cerebro con la conducta criminal?

De acuerdo con Luria (1974), el lóbulo frontal tiene como función principal verificar la actividad conductual. Cualquier alteración en esta parte del cerebro producirá en el individuo la pérdida de la capacidad para valorar el grado de adecuación de las conductas que asume. Por su parte, Damasio (2000) considera que el comportamiento manifestado por determinados pacientes con lesiones prefrontales se asemeja al de individuos con trastorno disocial de la personalidad.

Raine (2000) considera que las lesiones prefrontales causan una reducción de la capacidad de razonar y exacerban la predisposición a presentar conductas violentas. La baja activación del hemisferio derecho evita la comprensión de aquello que altera al individuo, por lo que se activan en él las reacciones agresivas. Esto subraya la relación entre las lesiones en la zona frontal del cerebro y la conducta criminal.

Ostrosky y colaboradores (2013) explican que una persona con una lesión en el lóbulo prefrontal tendrá un bajo raciocinio. Esto provoca que las emociones, reguladas por el sistema límbico, sean las que tengan más influencia en las decisiones que un sujeto realiza al actuar. La corteza prefrontal orbitomedial (región del lóbulo frontal del cerebro) tiene influencia en las conductas relacionadas con la psicopatía. El daño en esta área causa pseudopsicopatía. Las personas con este padecimiento presentan rasgos psicopáticos que, antes de la lesión en la zona frontal o prefrontal, no tenían. Actúan de manera agresiva e incluso presentan demencias.

Tanto las lesiones en la zona frontal como en la prefrontal del cerebro producen disminución del autocontrol. Incrementan la irritabilidad, el egoísmo y la falta de interés hacia un tercero. La intuición y la previsión también se ven afectadas. Todo esto lleva al sujeto a

presentar un comportamiento socialmente inaceptable y de desa-
daptación.

A pesar de estas evidencias, es importante seguir con el estudio
de la presencia de estas alteraciones, contemplando factores genéticos,
neurofisiológicos, neuroendocrinos, psicológicos, sociológicos y biológicos, con el objetivo de precisar la relación de estas lesiones cere-
brales con la conducta criminal.

41.

¿Cuál es la diferencia entre víctima y victimario?

Revisaremos esta diferencia desde las perspectivas jurídica, psicológica y criminológica.

Jurídicamente, el victimario es el sujeto activo, el que provoca el daño; la víctima es el sujeto pasivo, quien recibe el daño. El sistema judicial tiene toda una estructura en torno al victimario: agencias de ministerios públicos, jueces y centros penitenciarios, con el objetivo de que el Estado le aplique la pena correspondiente y resarza a la víctima (es el ideal).

Psicológicamente, el victimario busca descargar emociones contenidas como la agresividad, realizar cierta conducta delictiva por placer (principio de placer) o bien compensar sentimientos de inferioridad, ejerciendo el poder sobre otro más débil. En el caso de la víctima, por ser quien recibe el daño, las emociones que presenta pueden ser miedo, tristeza, impotencia, vergüenza, entre otras. Una persona al ser victimizada y al no recibir los auxilios psicológicos necesarios queda en estado de indefensión y, aunado al estrés postraumático, su psique puede dañarse y retener contenidas emociones negativas.

Desde la criminología, muchas teorías han puesto énfasis en el sujeto que comete la conducta antisocial o delictiva. Se han desarrollado una epistemología y una metodología que ayudan a comprender el porqué de su comportamiento. Desde este enfoque, el victimario ha sido definido como un ente biopsicosocial capaz de dañar el bien común, evitando el desarrollo armónico del hombre en sociedad.

De acuerdo con Zaffaroni (2012), el análisis criminológico dejó de lado a la víctima por mucho tiempo. Afortunadamente, en las últimas décadas ha surgido una disciplina llamada victimología. Esta pone el énfasis en el impacto que tiene la delincuencia en la sociedad. Para esta disciplina, las víctimas son muy importantes en el análisis de la realidad de la cuestión criminal. Hoy en día, la victimología sigue desarrollándose y cobrando relevancia.

42.

¿Cuál es la importancia de aplicar pruebas proyectivas a la víctima y al victimario?

La valoración del daño psíquico se refiere a los desajustes psicológicos que se generan como consecuencia de la exposición de una persona a una situación de victimización psicopatológica traumática. La importancia de las pruebas proyectivas se concentra en la evaluación psicológica; pues son útiles para analizar el comportamiento humano bajo estas circunstancias. En el ámbito legal, sirven como prueba para señalar aspectos positivos o negativos, tanto de la víctima como del victimario, con los cuales se puede demostrar la imputabilidad o inimputabilidad del victimario; e incluso la veracidad del relato de la víctima.

Dos de las pruebas proyectivas que pueden aplicarse son:

- *Rorschach.* Valora la personalidad a profundidad a partir del uso de tarjetas con manchas, las cuales se muestran a la persona. Se busca que estas evoquen respuestas producto de su propia proyección y percepción.
- *Test de apercepción temática o* TAT. A partir de tarjetas con dibujos, se pide al sujeto que narre una historia. Puede evaluar la manifestación de impulsos o emociones.

43.

¿Qué se entiende por síntesis criminológica?

De acuerdo con Rodríguez Manzanera (2014), la palabra *síntesis* implica la "composición de un todo por la reunión de sus partes". En el caso de la síntesis criminológica, un *todo* puede ser una conducta criminal o la delincuencia en sí misma.

Para explicar estos términos, dichos fenómenos deben ser observados y analizados; posteriormente ubicar sus causas o los factores criminógenos presentes en su génesis. Ya que las causas pueden ser antropológicas, biológicas o psicológicas y los factores criminógenos, sociales, en su explicación de las conductas delictivas, el criminólogo se auxilia de otras ciencias o disciplinas, como antropología, psicología, criminalística, victimología, sociología, estadística, entre otras. El criminólogo no domina todo el universo de conocimientos de las ciencias que lo auxilian, por lo que no le corresponde realizar los aportes de estas disciplinas a las investigaciones, sino ordenarlos, relacionarlos y valorarlos hasta lograr la síntesis final. No todas estas ciencias auxilian el análisis de un hecho en particular o general, por lo que el criminólogo debe delimitar el objeto y método de estudio para determinar en qué disciplinas se va apoyar.

En criminología existen distintos niveles de análisis. En cada nivel haremos referencia a la síntesis criminológica para ejemplificar su uso:

Nivel conductual. En este solo se presenta el delito; se aplican la criminalística y la psicología. Es difícil que se dé la síntesis criminológica.

Nivel individual. El objeto de estudio es el sujeto que cometió la conducta delictiva. Se le practican exámenes médicos, psicológicos, instrumentos de trabajo social, entre otros. Cada profesionista, desde su saber, realiza un reporte de manera general, que le presenta al criminólogo clínico, quien detecta causas y factores que llevaron al sujeto a cometer el delito que se le imputa. El criminólogo no presenta toda la información que recibe, sino que resume los principales hallazgos para explicar el porqué de la conducta delictiva.

Nivel general. En este se estudia el fenómeno de la delincuencia —conjunto de conductas delictivas—en una colonia, barrio, ciudad, país o a nivel mundial. Los objetos de estudio son todo tipo de formas de violencia: robos, secuestros, narcotráfico, terrorismo, trata de personas, abuso de poder, etcétera. Las ciencias o disciplinas en las que se apoya el criminólogo para su estudio son psicología social, sociología, economía, derecho, estadística, entre otras. No basta con hacer una descripción del fenómeno delictivo, sino que es necesario detectar qué factores están directamente relacionados con este y cómo se manifiesta en todos los procesos de interacción humana. En la síntesis criminológica, el criminólogo podrá retomar los aspectos que aportan cada una de estas disciplinas para dar una explicación general.

44.

¿Qué es el umbral criminal?

La palabra *umbral* se define como la intensidad mínima que debe tener un estímulo para producir una respuesta determinada por parte de un receptor. Un ejemplo es el umbral al dolor, el cual es la intensidad mínima de un estímulo que despierta la sensación de dolor en un individuo.

Con relación al umbral criminal, se dice que una persona tiene un umbral criminal bajo si comete un delito cuando se presenta un estímulo de baja intensidad. Ejemplos son sujetos que agreden y lesionan a otros ante la menor provocación; cualquier individuo que al ver que otros descuidan sus objetos de valor decide robarlos.

Las personas con un umbral criminal alto serán aquellas que no delinquirán tan fácilmente ante los estímulos externos, como los de los ejemplos citados.

Para entender mejor el concepto de umbral criminal, haremos referencia a distintos tipos de factores involucrados en la comisión de un delito:

- *Factores predisponentes:* tienen que ver con aspectos biológicos y psicológicos.
- *Factores preparantes:* son de carácter ambiental y social.
- *Factores desencadenantes:* son los más importantes, ya que llevan al sujeto a cometer el acto.

Veamos un ejemplo de cómo se manifiestan:

Un sujeto X tiene poca tolerancia a la frustración y bajo control de impulsos (factores predisponentes). De su casa a su lugar de trabajo se tarda dos horas en el traslado; su salario es bajo, por lo que tiene problemas financieros; en su trabajo le pidieron un reporte de corte de mes con poco tiempo de anticipación (factores preparantes). Cuando entrega el reporte a su jefe inmediato, este le dice que está mal y que es un inepto; el sujeto X, ante el insulto, le da un puñetazo en el rostro, su jefe cae al suelo, se golpea la nuca y pierde la vida. El factor desencadenante, el paso al acto, es la desaprobación y el insulto del jefe al sujeto X.

45.

¿Qué es un diagnóstico social?

El término diagnóstico proviene del griego *diagnostikós,* palabra formada por el prefijo *diag-,* que significa "a través de"; *gnosis,* sinónimo de conocimiento y por el sufijo *-tico,* definido como "relativo a". Un diagnóstico es el análisis que se realiza para determinar una situación y sus causas. El diagnóstico social es el resultado del vínculo entre la investigación y la programación; sirve para comprender cuáles son los problemas que se presentan en una situación determinada, así como el contexto que lo condiciona. Señala los factores que tienen relación directa con la realidad vivida, dificultando u obstruyendo el desarrollo de una persona o de una colectividad.

En la descripción de la criminodinámica se precisa quiénes, cuándo y dónde se cometen los delitos, así como el modo de operar de los delincuentes, describiendo árboles delincuenciales, capacidad organizativa y potencial criminal para hacer daño.

A diferencia del diagnóstico criminológico clínico, el cual se enfoca en identificar las causas que llevan a un sujeto a cometer una conducta delictiva, el diagnóstico social busca detectar factores criminógenos o de riesgo. Con ese fin, se realiza un análisis cuantitativo y cualitativo de aquellos elementos que, al conjugarse, favorecen la aparición y el desarrollo del fenómeno delincuencial en cierta zona o región. Este diagnóstico social es similar a un diagnostico criminológico en materia de seguridad pública o de seguridad ciudadana. El diagnóstico social también permite determinar qué tipo de proyectos, programas o políticas públicas deberían aplicarse con la finalidad de prevenir el fenómeno delictivo.

Chinchilla y Rico (2002) mencionan que, en la práctica, el criminólogo debe apoyarse en estadísticas oficiales, cifras negras (delitos que no son denunciados), informes de instancias gubernamentales, reportajes y noticias, entre otras fuentes; buscar los delitos que se repiten con mayor regularidad (moda) y observar directamente la zona en la que se presentan. Registrará la existencia de elementos o factores que tienen influencia próxima en los delitos, como la drogadicción, el alcoholismo, la prostitución, la corrupción, entre otros. Detectará la existencia de elementos o factores de influencia lejana, como la presencia de familias criminógenas, la falta de educación, la influencia de los medios de comunicación, etcétera. La combinación de ambos tipos de factores puede favorecer la presencia de determinado tipo de delitos en la zona. El diagnóstico social dará cuenta de ellos.

46.

¿Cuál es la utilidad del informe criminológico?

El informe criminológico determina la criminogénesis y la criminodinámica del delito. La criminogénesis es *una descripción del origen de las conductas delictivas, en la cual se detectan y se describen las causas y los factores del hecho delictivo.* En la criminodinámica *se describen los procesos, modos o formas en que operan los autores del delito.*

El criminólogo realiza dos tipos de informes, el individual y el general. A continuación se caracterizan:

Informe criminológico individual. Este tipo de informe se realiza tanto en el sistema penitenciario como en dependencias policiales e institutos de investigación. Aplica la metodología de la observación y la entrevista, así como la revisión de documentos relevantes (carpeta de investigación y exámenes médicos y psicológicos).

No existe un formato homologado para el reporte criminológico, pero en la descripción de la criminodinámica se debe precisar quiénes, cuándo y dónde se cometen los delitos, así como el modo de operar de los delincuentes. Se describe su capacidad de organización, su potencial criminal (capacidad de hacer daño) y los árboles delincuenciales (relaciones entre todos los involucrados). Principalmente se utiliza en las áreas de procuración, administración y ejecución de justicia.

Informe criminológico general. En este tipo de informe se realiza una investigación de gabinete, basada en estadísticas e informes, en conjunto con una observación de campo del lugar donde ocurrió el fenómeno delictivo. Estas dos técnicas se acompañan de entrevistas a ciudadanos comunes, funcionarios, presuntos delincuentes, testigos de hechos y víctimas, entre otros. El formato y la metodología de este informe no están definidos, pero lo importante es que en este se asienten los factores relacionados con el fenómeno delictivo (participación en bandas criminales, drogadicción, alcoholismo, prostitución, etcétera), así como los factores geográficos y sociales que favorecen la comisión de los delitos analizados.

47.

¿Qué es prognosis criminológica?

Rodríguez Manzanera (2014) señala que la prognosis o pronóstico criminológico prevé si un individuo o grupo puede cometer o reincidir en alguna conducta antisocial o delictiva. El criminólogo clínico, después de haber realizado un diagnóstico, debe estar en posibilidad de elaborar un pronóstico, donde determine si un sujeto es candidato a la reinserción social o, por el contrario, a seguir con la comisión de conductas delictivas.

Ejemplo de ello puede ser una persona que haya cometido homicidio de forma muy violenta por defender a su familia de un secuestro; el diagnóstico podría indicar peligrosidad media y, sin embargo, el pronóstico ser favorable, pues el objeto de deseo o la causa de la conducta delictiva ya no existe.

Otro ejemplo puede ser el caso de un sujeto que por necesidad económica se dedica a la venta de piratería (delito que atenta contra los derechos de autor). En el caso de que el sujeto sea procesado por este hecho, seguramente el criminólogo clínico dará un diagnóstico favorable, pero el pronóstico indicará que esa persona persistirá en realizar esa conducta, ya que es su medio de subsistencia.

El pronóstico también se puede realizar para una zona geográfica o en torno al grupo social que la habita. El criminólogo hará una interpretación general de estadísticas y análisis sociológicos, de modo que tendrá la capacidad de diagnosticar qué tan criminógeno es el lugar en cuestión y podrá otorgar un pronóstico.

Ejemplo de ello puede ser una colonia en la que se presentan problemas de drogadicción, prostitución, falta de vigilancia y desintegración familiar; la combinación y la presencia de estos factores favorece la comisión de delitos como el narcotráfico o la trata de personas. El diagnóstico la señalará como una zona criminógena alta y, al no existir programas o políticas públicas que atiendan a esta población en particular, el pronóstico indicará la existencia de conductas delictivas que prevalecerán o irán en aumento.

El pronóstico varía según la experiencia del criminólogo que realiza la interpretación; dado que los resultados se presentan en términos probabilísticos, no existe un pronóstico que garantice la certeza de sus conclusiones en un cien por ciento.

48.

¿Cuáles son los paradigmas y modelos teóricos que fundamentan la criminología?

En criminología, tanto los paradigmas como los modelos teóricos constituyen un marco de referencia para describir y explicar el fenómeno delictivo. A continuación, caracterizamos los más importantes:

Positivismo. Fue desarrollado por Auguste Comte (1830-1842), quien señaló que solo lo que es observable y verificable es válido para el conocimiento científico. Este paradigma busca demostrar las causas de los fenómenos sociales. Permea el conocimiento criminológico al indagar las causas que llevan al sujeto a cometer conductas antisociales y delictivas. Fundamenta el postulado de que la génesis de la criminalidad de un individuo está en su constitución biológica. Busca demostrar que hay suficientes elementos que predisponen a un criminal a serlo.

El positivismo es descriptivo y causal-explicativo, es decir, señala rasgos y características para clasificar las causas de los hechos sociales; con base en esta clasificación, dicta leyes que regulan los hechos. Todo esto con el objetivo de mantener el orden en la sociedad.

Con la influencia del positivismo, en sus inicios, la criminología señalaba que la causa de la criminalidad estaba *dentro* del sujeto-delincuente, debido a disfunciones biopsicosociales; que en él existían factores criminógenos (biotipología, endocrinología y psicológicos), los cuales, en combinación con factores sociales, aseguraban que determinado sujeto cometería, tarde o temprano, actos delictivos.

Estructural funcionalismo. Este pensamiento rechaza la premisa de que la causa del delito está en elementos biopsicológicos que enferman al sujeto y lo predisponen a delinquir. Postula que el sujeto aprende las conductas delictivas en las instituciones que conforman la estructura social, como la familia, la educación, las normas sociales, etcétera. El delito se considera una disfuncionalidad de esta estructura; en torno al delincuente también se conforman instituciones como el sistema judicial y el penitenciario, que buscan compensar esta disfuncionalidad.

Desde este enfoque, el análisis del delito ya no se hace partiendo del sujeto predispuesto a delinquir, sino de las estructuras sociales en donde se desarrolla y de cómo aprende a delinquir en los diversos grupos sociales en los que se desenvuelve (familia, barrio, escuela, etcétera).

Interaccionismo simbólico. Esta corriente de pensamiento fue promovida por George Mead, en 1934, con su obra *Espíritu, persona y sociedad.* En dicho libro, habla del *yo* y del *mí*; en el *yo* se da inicio al acto social, el cual es construido por el medio ambiente. Es decir, las estructuras sociales, con sus símbolos y significados, son creadas por otros e internalizadas por el sujeto; este es el final del proceso del acto social, el cual termina en el *mí*. En la relación entre el *yo* y el *mí* son fundamentales el lenguaje, la reflexión y la comunicación.

En el interaccionismo simbólico, el lenguaje es el elemento por el que se da el intercambio de símbolos y significados; postula que la realidad se construye a través de las significaciones.

La sociedad determina lo que significa un objeto, un agente o una idea, por lo que también define qué conductas serán consideradas desviadas o delictivas; a partir de esto, se genera el significado de lo que conocemos como delincuente. Posteriormente se decide cómo se va a reaccionar socialmente frente a estas conductas, de tal manera que los sujetos, al interactuar en sociedad, internalizarán este significado de delincuente, al igual que la reacción que deben tener ante el fenómeno delictivo.

Marxismo. Karl Marx (1867) analizó la realidad social desde el materialismo histórico, en el que plantea la lucha de clases y la lucha contra el Estado. En el proceso de producción económica y con la acumulación originaria del capitalismo, surgen dos clases sociales: los primeros son los dueños de los medios de producción (burgueses), y los segundos, lo único que poseen es su fuerza de trabajo y la venden a otros sin ser dueños de lo que producen.

En la criminología crítica, las ideas del marxismo y del interaccionismo simbólico se retoman para afirmar que los grupos que tienen el poder en la sociedad, poseen influencia para definir cuáles conductas son criminalizadas; de todo el universo de conductas, solo aquellas que representen un riesgo para los intereses de las clases altas serán tipificadas como delitos y en ellas los controles formales (policías, agentes del Ministerio Público y jueces) pondrán mayor atención y énfasis.

La criminología retoma este pensamiento para explicar que en la sociedad no existen delincuentes *per se*, lo que existen son representaciones simbólicas de conductas consideradas como delictivas, así como de quienes se consideran delincuentes. La relatividad cultural cobra relevancia, ya que, de acuerdo con la época, la cultura y el consenso de la sociedad, las significaciones del delito y de la conducta desviada van cambiando.

49.

¿Cuáles son los conceptos y definiciones más usados en la criminología tradicional?

- *Conducta antisocial:* es aquel comportamiento que afecta el bien común de los miembros de la sociedad.
- *Criminogénesis:* es el conjunto de factores y causas que originan y provocan la conducta delictiva en lo individual y el fenómeno delictivo en lo general.
- *Criminodinámica:* es la explicación de los procesos de las conductas antisociales y delictivas.
- *Causa criminógena:* es una condición necesaria para que se presente una conducta antisocial o delictiva.
- *Factor criminógeno:* favorece y está presente en la génesis, formación y desarrollo de las conductas antisociales y desviadas, y con más fuerza en las que se consideran conductas delictivas que impactan en el fenómeno delictivo real y legal (cifra negra y cifra oficial).
- *Factor causal:* factor criminógeno que incide más que otros; se convierte en la causa del comportamiento del sujeto.
- *Factor endógeno:* se refiere a toda actividad interna que afecta la conducta de un ser humano.
- *Factor exógeno:* todo aquel elemento del medio ambiente que propicia en el sujeto una conducta específica.
- *Móvil:* es la parte subjetiva que impulsa o motiva a un sujeto a cometer el acto antisocial y delictivo.
- *Peligrosidad:* término que se aplica a un sujeto que tiene la capacidad, actitud y aptitud para ocasionar algún daño a una persona o a una colectividad.
- *Paso al acto:* es la realización de la conducta delictiva.

50.

¿Cuál es el objeto de estudio de la criminología?

La criminología busca conocer y entender la realidad del fenómeno delictivo. Existen dos grandes corrientes ideológicas desde las cuales entender este fenómeno: la primera se conoce como criminología positivista, tradicional, oficialista o razón única; la segunda se denomina criminología crítica, alternativa, nueva criminología o razones plurales.

En la primera perspectiva, la criminología estudia al sujeto en su aspecto biopsicológico y afirma que en él existen suficientes elementos que lo predisponen a la realización de un delito; de igual manera, estudia al sujeto en sociedad y afirma que es ahí donde el individuo aprende este tipo de conductas. Sostiene que en la sociedad hay suficientes factores criminógenos que preparan y permiten que una persona delinca.

En el segundo enfoque, la criminología deja de lado al sujeto y toma por objeto de estudio los procesos sociales en los que a ciertas conductas se les asigna el significado de delitos. Asimismo, analiza los procesos de etiquetamiento y criminalización que realiza el Estado para aplicar un control social sobre ciertas clases sociales.

Augusto Sánchez Sandoval y Alicia González Vidaurri (2002) elaboran una clasificación de los objetos de estudio desde ambas perspectivas y dividen las distantas criminologías en las de razón única y las de razones plurales.

Objetos de estudio de las criminologías de la razón única. Responden a vertientes ideológicas que tienen como postulado que la sociedad es homogénea y consensual. Estas son:

- *Vertiente ideológica hebreo-cristiana.* La mujer y el hombre como sujeto-objeto del pecado y la culpa.

- *Vertientes criminológicas de la ideología liberal.* El objeto de estudio es la violación de la norma jurídica.
- *Vertientes criminológicas del positivismo antropológico y jurídico penal.* El sujeto-objeto es el hombre delincuente.
- *Vertientes criminológicas del estructural funcionalismo.* El objeto de estudio será el individuo dentro de la estructura y sus funciones.
- *Vertientes criminológicas positivistas de la psicología clínica y de la personalidad.* El objeto de estudio será la psicología individual del hombre delincuente.

Objetos de estudio de las criminologías de las razones plurales. El postulado común de estas vertientes ideológicas es la sociedad heterogénea y no consensual. Los objetos que cada una de ellas acuña son:

- *Vertiente ideológica de la psicología social.* El objeto de estudio son las interacciones de las personas. De acuerdo con el interaccionismo simbólico y el etiquetamiento (*labelling approach*), el objeto de estudio será el poder de la definición y de la atribución de una etiqueta llamada delito.
- *Vertientes criminológicas de la sociología del conflicto.* Los objetos de estudio serán las relaciones de dominación que se establecen entre los individuos, el conflicto que de ello se genera y los procesos de criminalización.
- *Vertientes criminológicas de la criminología crítica.* El objeto de estudio será el control social que ejerce el Estado.

51.

¿Cuál es la diferencia entre criminología y criminalística?

La criminalística tiene por objeto el estudio de los indicios recolectados en el lugar de los hechos o del hallazgo, donde presumiblemente se cometió un ilícito; la criminología, por su parte, tiene el objetivo de estudiar las conductas antisociales, los sujetos que las presentan, las víctimas, el control social y otros aspectos del fenómeno criminal.

Lo que sugieren las definiciones anteriores es que la criminología tiene un amplio campo de estudio, de investigación y de aplicación, mientras que la criminalística tiene un campo más acotado de acción, que se reduce al análisis del lugar de los hechos.

Como revisamos anteriormente (véase pregunta 43), Hikal (2013) y Rodríguez Manzanera (2014) apuntan que en criminología existen tres niveles de interpretación del fenómeno delictivo:

Nivel general. Estudia la delincuencia o criminalidad, es decir, el conjunto de conductas antisociales o delictivas. Utiliza métodos de sociología y estadística, entre otras disciplinas.

Nivel individual o de interpretación personal. Analiza y estudia al autor de la conducta antisocial o delictiva. Emplea métodos de psicología y trabajo social, entre otras ciencias.

Nivel de interpretación conductual. Analiza el delito específico. En este último nivel es donde se emplean los métodos de la criminalística.

En cuanto al campo laboral, el criminalista puede trabajar como perito en dependencias policiales, apoyando al agente del Ministerio Público (encargado de la investigación de los delitos), o bien como criminalista independiente.

En el caso del criminólogo, este puede trabajar tanto en el sistema penitenciario como en agencias policiales o empresas de seguridad privada, entre otros ámbitos.

52.

¿Cuál es la diferencia entre criminología y criminología clínica?

Técnicamente, la criminología clínica se define como *la ciencia que de manera multidisciplinaria estudia la conducta normal, anormal o patológica del delincuente y la forma de reinsertarlo a la sociedad*. Por su parte, Wael Hikal (2013) la define como la ciencia que se encarga del diagnóstico y tratamiento de los antisociales.

A partir de estas dos definiciones podemos afirmar que la criminología clínica se orienta a la búsqueda de una explicación de un caso, considerando el estado biopsicosocial del individuo que presuntamente cometió un delito.

Esta explicación se obtiene a partir de la aplicación del método de la criminología clínica, el cual implica la revisión de documentos y diagnósticos, la observación y la entrevista del sujeto. Lo anterior permite inferir qué aspectos pudieron llevar al individuo a la comisión de cierta conducta delictiva. Estos aspectos pueden ser alteraciones mentales, consumo de sustancias tóxicas o la influencia negativa de los diferentes ámbitos en los que se desenvuelve.

Por su parte, la criminología se define como *aquella ciencia, con enfoque multidisciplinario, que estudia el delito y al delincuente, tratando de explicar la relación entre ambos*. Desde el punto de vista de Palacios Pámanes (2012), en México la enseñanza de la criminología suele limitarse a la criminología del paso al acto, lo que implica reducir la criminología a la criminología clínica, lo cual él considera un vicio que nombra "monismo ideológico".

La enseñanza, la divulgación y la aplicación de la criminología queda así acotada al ámbito penitenciario y al estudio del sujeto delincuente, siendo que el saber criminológico abarca muchos más aspectos y su aplicación va más allá del sistema penal.

Ante este sesgo, es necesario retomar los aportes de autores que han contribuido al desarrollo de la criminología como Lombroso, Garofalo, Ferri, Tullio, Boca, Luder, Pinatel, Mezger, Ingenieros, Pérez, De la Plaza, Neumann, Bergalli, Zaffaroni, Hüme, Peixoto, Quiroga, Santos, Rodríguez Manzanera, entre otros.

La criminología clínica y la criminología se diferencian en los siguientes aspectos:

- La primera determina el posible tratamiento para el sujeto; la segunda se enfoca en estudiar la relación entre el crimen y el delincuente.
- El tratamiento será uno de los fines y parte integral de la criminología clínica; la criminología en general buscará la explicación y la prevención de las conductas antisociales y delictivas, ya sea a través del sistema penal, de políticas criminales, de políticas criminológicas, programas de prevención, etcétera.
- A la criminología le interesa el estudio de las conductas antisociales (sean delitos o no) en su génesis y desarrollo, la reacción social ante aquellas, así como la forma de prevenirlas; a la criminología clínica le preocupa la observación y el diagnóstico del sujeto, así como definir el grado de temibilidad (capacidad criminal), de acuerdo con el peligro que pueda generar en la convivencia en sociedad.

53.

¿Qué es la criminopatología?

La criminopatología o criminología de la anormalidad es *la disciplina que se encarga del estudio de las conductas desadaptadas que llevan al sujeto a delinquir.*

Busca la etiología de las conductas antisociales o delictivas que presenta un sujeto en particular; describe las causas biológicas o psicológicas que llevan a una persona a cometer hechos delictivos. Veamos un ejemplo:

De un individuo que vivió en ambientes violentos, sufrió golpes, humillaciones y rechazo, la criminopatología analizará las alteraciones físicas y emocionales, así como los trastornos psicológicos que causaron la conducta delictiva de este sujeto, producto del daño que esos factores causaron en él.

En resumen, la criminopatología busca determinar si alguna enfermedad o trastorno puede ser la causa por la que una persona presenta conductas tipificadas como delitos.

54.

¿En qué consiste la criminología de las conductas adictivas?

La criminología de la conductas adictivas (Hikal, 2011) tiene por objeto *el estudio de las conductas antisociales y delictivas relacionadas con el uso y abuso de las drogas, así como las causas por las que un sujeto es adicto.* El consumo de sustancias como marihuana, cocaína, disolventes, alcohol, entre otras, es un factor criminógeno que favorece la aparición de conductas delictivas. A su vez, el consumo de sustancias adictivas es promovido por familias y entornos criminógenos.

Nuestro país, además de ser un territorio de paso de drogas, se ha convertido en consumidor. Ahora es más frecuente encontrar sujetos que, bajo la influencia de las drogas, cometen delitos culposos en los cuales hay daños materiales, lesiones u homicidios. También hay una mayor tasa de incidencia de delitos contra la salud.

La percepción del individuo o adicto está alterada, por lo que puede presentar actitudes hostiles y violentas; en casos severos, la adicción desencadena trastornos de la personalidad. El adicto se degrada de tal forma que, lejos de ser una persona que se desarrolle y aporte beneficios a la sociedad, presenta un estancamiento o retroceso en sus habilidades cognitivas, lo cual repercute en su adaptabilidad al medio social.

Además del daño que se genera a sí mismo, su situación repercute en los grupos sociales a los que pertenece y en los que se desenvuelve, como la familia, el barrio, la escuela o el trabajo. Lo primero que se ve afectado ante la presencia de una adicción son las relaciones interpersonales. En muchos casos, se genera una codependencia entre el enfermo y las personas cercanas. También estas pueden llegar a ser dañadas por la conducta del adicto.

La criminología procura el bien común de la sociedad y, puesto que el alcoholismo y la drogadicción lesionan las condiciones para el desarrollo óptimo de los individuos en sociedad, es de su interés el impacto que generan en lo psicológico y en lo social.

En este campo, el criminólogo atiende aspectos desde lo etiológico, teleológico y profiláctico. A continuación, explicamos cómo lo hace:

- *Etiológico:* es la descripción o explicación de las causas que originan la conducta delictiva o fenómeno delictivo; el criminólogo retoma las adicciones como causas.
- *Teleológico:* son las metas o fines que busca la criminología, entre ellos, la prevención de las conductas antisociales derivadas de las adicciones; el criminólogo propone caminos para prevenir las adicciones como factor criminógeno.
- *Profiláctico:* son las medidas enfocadas a prevenir y atender las enfermedades, en este caso, el consumo de sustancias adictivas.

En el aspecto psicológico, el criminólogo auxilia al adicto mediante la consejería social a encontrar las causas de sus adicciones o bien colabora a canalizarlo con otros profesionistas, como psiquiatras, psicoanalistas o psicólogos, para que reciba la atención adecuada. En el ámbito social, el criminólogo, por medio de la divulgación del conocimiento, sensibiliza a comunidades escolares, organismos no gubernamentales. También asesora en el diseño de programas de prevención de adicciones y en la definición de las políticas públicas.

55.

¿Qué es la criminalidad accidental?

La criminalidad accidental se refiere a los delitos cometidos sin dolo, es decir, en los que un individuo carece de acto volitivo o intención de causar daño; en derecho se conocen como delitos culposos. Generalmente están relacionados con accidentes de toda índole. Como ejemplos tenemos los homicidios provocados en accidentes automovilísticos y los que resultan de la manipulación descuidada de un arma cuando, al ser disparada sin querer, origina lesiones o la muerte de terceros.

A pesar de que en estos delitos no hay intención de causar daño, los individuos que los cometen son sujetos a un proceso judicial, en donde las autoridades correspondientes tendrán que determinar la responsabilidad del sujeto y la sanción correspondiente.

Es de interés observar el impacto psicológico en la persona que se ve envuelta en una situación de esta naturaleza. El individuo acusado de un delito culposo puede ir a prisión y, al salir, vivir con la etiqueta de delincuente, lo que afectará su vida para siempre.

La criminología analiza este tipo de criminalidad y busca entender cómo impacta el fenómeno delictivo en términos de estadísticas y en los ámbitos social y cultural. También estudia el desarrollo y los procesos de este tipo de delitos en las instancias de control social, como la policía, los ministerios públicos y los juicios.

56.

¿Cuál es la metodología para realizar un perfil criminal?

El perfil criminal es una técnica que delinea las características del responsable de un hecho delictivo; considera los datos sobre el delito que se cometió y la información de la víctima.

Hay dos métodos que se aplican al perfilar: el clínico y el estadístico.

El *método estadístico* se basa en la psicología experimental. Se apoya en la formulación de hipótesis de co-ocurrencias de eventos, que indican la frecuencia del delito en el área geográfica y las características de las víctimas.

El *método clínico*, más usado en el campo de la criminología, estudia cada caso en particular. A través de los aportes de especialistas en psicología y psiquiatría, con fundamento en teorías e instrumentos, establecerá un diagnóstico respecto al perfil del criminal.

Este método siempre considera los motivos que lo llevaron a delinquir y la forma propia de actuar. Se establece el vínculo entre el tipo de personalidad y la presencia de alguna psicopatología en el sujeto en cuestión.

Para aplicar este método correctamente, es necesario considerar los siguientes elementos:

- *Estudio de la escena del crimen*, con el cual se establecerá la parte psíquica del *modus operandi* y la firma del victimario.
- *Análisis de la vinculación de los lugares de los hechos y los hallazgos*, donde se toman en cuenta el *modus operandi* y la firma para establecer hipótesis, si es que varios delitos son cometidos por el mismo autor.
- *Estudio de la historia de vida de la víctima*, con lo cual se tratará de establecer una especie de autopsia psicológica.

- *Establecimiento del tipo y estilo del delito*, para saber si se trata de uno o varios agresores; e incluso, si se cometió en uno o varios lugares. Todo esto en razón de la psique de quienes lo perpetraron.
- *Caracterización del estilo de vida*, tanto de la víctima como del o los victimarios. Incluye los posibles motivos que llevaron a la comisión del delito. También se deberá establecer la existencia de tortura, indicios de venganza o seriación del delito. Esto a partir del lugar en el que se cometió el hecho y contra quién.
- *Evaluación y reconstrucción de los hechos*, en busca de esclarecer si se trata de una víctima al azar o escogida. La forma de actuar y las características particulares de la víctima pueden dar pistas para la captura del agresor.

57.

¿Cuáles son los elementos que ayudan a definir un perfil criminal?

Para integrar un perfil criminal, es necesario tomar en cuenta los siguientes elementos:

- *Noticia del crimen.* Es cuando alguna autoridad competente toma conocimiento del hecho delictivo y se encarga de las averiguaciones correspondientes para esclarecer las causas que lo provocaron o, en su defecto, determinar el grado de peligrosidad del criminal.
- *Comportamiento.* Por la forma de proceder en la ejecución del delito, se trata de establecer el móvil y el número de criminales.
- *Evaluación de la escena del lugar de los hechos o del hallazgo.* Se puede determinar si se trata de un asesino organizado o desorganizado, si el delito fue planeado, si el victimario pudiera padecer alguna enfermedad mental. También se analizan los objetos encontrados.
- *Estudio victimológico.* Se calcula el riesgo que corría la víctima. Se determina si fue una víctima escogida o por oportunidad. Se incluyen edad, profesión u ocupación y estilo de vida de la víctima. Se realiza una entrevista con los familiares de la víctima (si es posible). Se señala la existencia de golpes o tortura. Se identifica la firma del delincuente.
- *Evaluación de los informes.* Se consideran los informes preliminares de la policía, interrogatorios a testigos y sospechosos y el análisis de pruebas y evidencias. Se contempla el resultado de la autopsia psicológica (véase el anexo 5).

58.

¿Cómo se clasifica a los delincuentes desde la perspectiva de la psicología criminológica?

La psicología criminológica estudia el *modus operandi* del delito y, por lo tanto, del delincuente. Existen diversas clasificaciones de las personas que reiteradamente cometen actos ilícitos, las cuales incluyen a los que padecen alguna enfermedad mental y aquellos que son plenamente conscientes del acto delictivo cometido.

El delincuente proyecta, a través del delito, sus conflictos psicológicos, lo que produce una reacción descontrolada consciente o inconsciente, detonada por un estímulo que lo lleva a delinquir. Puede recurrir a actos violentos que le permitan intimidar a la víctima o a actos aislados que lo hagan pasar desapercibido.

Para clasificar a los autores del delito, se contemplan distintos aspectos, entre ellos el comportamiento observable, motivaciones, peligrosidad, imputabilidad, probabilidad de reincidencia, necesidad de encarcelación, nivel de consciencia, versatilidad, especificidad, tipo de víctimas y predicción circunstancial.

Autores como Lombardo, Freud o Ferri han desarrollado sus propias clasificaciones, en las que incluyen categorías de delincuentes como el *nato*, el *pasional*, el *pasivo dependiente*, el *anómalo intelectual*, entre otras. Para revisar las clasificaciones completas de estos especialistas, recomendamos consultar el anexo 6.

59.

¿Cómo se hace una predicción del riesgo futuro de comportamiento violento?

La *peligrosidad* en una persona implica el riesgo de cometer actos violentos en el futuro. Para determinar el grado de peligrosidad en cierto individuo, se utiliza la técnica clínico forense o la perfilación criminal; esta última es la más usada en criminología. Se realiza una valoración, mediante una entrevista, con el sujeto y sus familiares (por separado), y a través del estudio del expediente judicial.

Estas técnicas buscan factores de riesgo y factores de protección (dinámica o estática) en el comportamiento y en los perfiles delictivos. Se analizan los que pueden coadyuvar en el riesgo futuro de comportamiento violento, como aislamiento social, antecedentes penales, problemas de disciplina, manifestaciones de ira o frustración, cambios bruscos de humor, no control de impulsos, mal comportamiento presente, posibilidad de fuga, reincidencia, etcétera.

Este proceso de evaluación del riesgo se concentra en la recopilación, organización y análisis de información relevante, así como en la decisión y comunicación del resultado obtenido.

De acuerdo con Han (2001), existen tres grandes procedimientos para la predicción de la violencia:

- *Valoración clínica no estructurada.* Emplea instrumentos de evaluación como las pruebas psicológicas y los registros históricos, pero sin atender protocolos específicos.
- *Valoración actuarial.* Realiza un registro cuidadoso y detallado de datos relevantes del sujeto, así como de su comportamiento o de la conducta a predecir.
- *Valoración por medio del juicio clínico estructurado.* Es una combinación de la valoración clínica y de la valoración actuarial; sigue protocolos específicos, como las escalas de peligrosidad; asimismo,

realiza un registro preciso de los factores predictivos y de la conducta del sujeto que se valorará.

Una predicción de riesgo futuro permite adelantarnos al hecho y evitar la reincidencia o comisión de actos delictivos por parte del sujeto agresor; además, evita daños colaterales a aquellos que pudieran resultar violentados.

60.

¿Cuáles son las diferencias y similitudes entre la criminología y el derecho penal?

Existen cinco tesis fundamentales que buscan explicar la relación entre la criminología y el derecho penal. Estas son:

- *Tesis de la subordinación de la criminología al derecho penal.* Se reduce el objeto de la criminología a la descripción que jurídicamente se hace sobre la conducta.
- *Tesis de la equiparidad.* Se da igual jerarquía a ambas ciencias.
- *Tesis de la no existencia de la criminología.* Solo se reconoce la descripción jurídica de la conducta.
- *Tesis de la subordinación del derecho penal.* Cuando el objeto de la criminología rebasa el objeto del derecho penal.
- *Tesis de la desaparición del derecho penal.* No puede ser válida, considerando que el derecho penal representa la oportunidad de una vida en comunidad, así que la criminología nunca podrá suplir su función.

Una forma de entender la relación de estas dos ciencias es señalar sus diferencias y similitudes:

Diferencias

- La criminología pertenece al mundo del *ser,* por lo que tiene un carácter fáctico; estudia los hechos sociales en su esencia. Es dinámica, puesto que los hechos sociales son cambiantes; el fenómeno delictivo es un hecho social dinámico que cambia conforme el tiempo y el lugar. Tiene diversos objetos de estudio, como las conductas antisociales, el control social, entre otros.

- El derecho penal pertenece al mundo del *deber ser*, es normativo, regula las conductas de los individuos en sociedad. La norma debe ser estática, no puede ser cambiante, a pesar de que los hechos sociales muchas veces la rebasan. El objeto de estudio del derecho penal son las normas jurídicas.

Similitudes

- Estas dos formas de conocimiento son ciencias humanistas que buscan y procuran el bienestar del ser humano y la preservación del bien común. Se enfocan en la prevención y evitación de conductas que dañan a la sociedad.
- Ambas disciplinas, idealmente, deben trabajar en conjunto, ya que la criminología le da al derecho una visión real de las conductas y los fenómenos sociales que están dañando a la sociedad (delitos en particular y abusos de poder del Estado). El derecho penal debe ser un referente para la primera, en cuanto a los procesos de criminalización que se manifiestan sobre determinadas conductas.

61.

¿Qué se entiende por criminología del niño y el adolescente?

La niñez y la adolescencia son etapas del desarrollo humano caracterizadas por la falta de madurez. La imitación constante y la realización de actos carentes de lógica, que buscan la aceptación de un grupo, la definición de la identidad o llamar la atención de los padres son acciones recurrentes.

Los niños pueden llegar a cometer actos criminales sin darse cuenta de ello, pues repiten las conductas que observan, teniendo como referente lo visto en caricaturas, películas, o incluso en la vida cotidiana de los adultos con los que conviven.

Los adolescentes, en la búsqueda incesante por construir su identidad, pueden presentar crisis que culminen en actos criminales, ya sea perpetrados de manera individual o grupal. También pueden llegar a delinquir, solo por sentir la emoción de realizar dicha acción.

La Ley para el Tratamiento de Menores Infractores, para el Distrito Federal en materia común y para toda la República en materia federal, regula lo concerniente al Consejo de Menores. Este órgano tiene la competencia para conocer de la conducta delictiva o antisocial de niños mayores de 11 años y de adolescentes menores de 18 años de edad. Es ante este consejo que se lleva a cabo el procedimiento para resolver la situación jurídica del menor, el cual consiste en integración de la investigación de infracciones, resolución inicial, instrucción y diagnóstico, dictamen técnico, resolución definitiva y aplicación de las medidas de orientación, protección y tratamiento. Estas medidas son las siguientes:

- *Medidas de orientación:* amonestación, apercibimiento, terapia ocupacional, formación ética y cultural, recreación y deporte.
- *Medidas de protección:* arraigo familiar, traslado al lugar donde se

encuentre el domicilio familiar, inducción para asistir a instituciones especializadas, prohibición de asistir a determinados lugares y para conducir vehículos.

- *Medidas de tratamiento:* tratamiento interno (en casa) y externo (en un hogar sustituto o institución).

Todas las actuaciones judiciales (autos o diligencias de un procedimiento judicial) deberán reunir los requisitos establecidos en el Código Federal de Procedimientos Penales.

La Ley de Justicia para Adolescentes para el Distrito Federal establece que, cuando se trate de un menor al que deba juzgarse por la comisión de un acto criminal, se debe descartar la presencia de un trastorno mental. No se procederá contra aquellos adolescentes que, al momento de realizar un hecho tipificado como delito, padezcan de algún trastorno mental o daño neuronal irreversible, que les impida comprender la trascendencia del hecho y por el cual no puedan afrontar las consecuencias de la conducta realizada. Una excepción a esta ley es cuando el adolescente se encuentra en estado de ebriedad, bajo el efecto de estupefacientes o psicotrópicos, sin que medie prescripción médica o sin que se hayan consumido de manera dolosa.

Cuando el trastorno mental o el daño neuronal irreversible se presente durante el proceso, la autoridad competente podrá entregar al adolescente a quien legalmente corresponda hacerse cargo de él. Si se encuentra en la fase de ejecución de las medidas (asegurándose de que se cumpla con la resolución), el juez, a solicitud de la autoridad, deberá ordenar la intervención de instituciones médico-psiquiátricas especializadas en el padecimiento para que rindan su dictamen correspondiente. En caso de tratarse de incapacidad permanente, estas instituciones deberán hacerse cargo del tratamiento durante el tiempo faltante para el cumplimiento de la medida impuesta. Cuando se presente una incapacidad transitoria, se decretará la suspensión del procedimiento o de la ejecución por el tiempo que dure la incapacidad presentada.

62.

¿Cómo se da el proceso cognitivo conductual de la identificación delincuencial en niños y adolescentes?

La identificación delincuencial es *el proceso en el cual una persona busca parecerse a determinado tipo de delincuente*. Esta se da en la conformación de la personalidad de los niños y adolescentes. El individuo intentará identificarse con delincuentes vinculados a delitos como robo, secuestro, homicidio, narcotráfico, etcétera. En torno a estos sujetos se construye un modelo a seguir o estereotipo relacionado con el éxito y el poder.

Otro aspecto importante de la identificación delincuencial es la exposición a modelos delictivos y modelos antidelictivos, es decir, el niño o adolescente estará más propenso a la identificación delincuencial al vivir en contacto con delincuentes o grupos delictivos que si estuviera rodeado de modelos antidelictivos o personas que no delinquen. Ejemplo de ello lo vemos con niños y adolescentes en cuya familia, barrio y grupo de amigos hay personas dedicadas al robo y al narcomenudeo. Es más probable que estos se identifiquen y se impliquen en alguno de esos delitos que los niños o adolescentes que en su círculo social cercano conviven con personas que se dedican a estudiar, al deporte o a trabajar.

Gabriel Tarde (1907) sostenía que "la sociedad es una reunión de gentes que se imitan". Las personas al vivir en conjunto, en la interacción diaria, suelen imitarse unas a otras. La delincuencia se presenta como un fenómeno de imitación, y el delincuente como un ser al que se imita; en los diferentes grupos sociales en donde se desenvuelve el individuo que presenta la identificación delincuencial, existe un delincuente a quien imitar.

Albert Bandura (1971) explica que el sujeto aprende a través de la observación de modelos en la vida real y de modelos simbólicos. Los primeros se refieren a la interacción directa del sujeto con diferentes agentes socializadores como los padres, el maestro, los pares, entre otros; los segundos, al material verbal y visual en representaciones pictóricas, películas y series de televisión. Los modelos simbólicos recrean escenas violentas, como las peleas, persecuciones, balaceras, muertes, etcétera, que se presentan en las películas. Con base en ellos, los niños y adolescentes reciben el mensaje de que la forma para interactuar con los demás es a través de la violencia. Ejemplos relacionados con esto son el fenómeno del *bullying* escolar o la incursión de adolescentes en el sicariato.

Entender el proceso cognitivo-conductual de la identificación delincuencial en niños y adolescentes nos es útil para detectar a tiempo su presencia en cada etapa de desarrollo. Emprender medidas preventivas tomando en cuenta los factores y las causas de la conducta delictiva puede repercutir en su vida adulta. Un dato importante es que en nuestro país, cuando un menor de edad comete un delito, no se le envía a un centro penitenciario para adultos, sino a una comunidad de adolescentes en conflicto con la ley, del cual podrá salir al cumplir la mayoría de edad.

63.

¿El *bullying* está tipificado como delito?

En la actualidad, el *bullying* o acoso escolar es un fenómeno que ha dejado de manifestarse en casos aislados para convertirse en un problema social. Desde el punto de vista jurídico, se considera como una conducta antisocial realizada por menores de edad.

Olweus (1998) afirma que un menor se convierte en víctima de acoso cuando está expuesto, de forma repetida y durante cierto tiempo, a acciones negativas cometidas en su contra por un alumno o por varios de ellos con testigos. Este autor señala los siguientes tipos de acoso escolar: físico, verbal, no verbal y ciberacoso.

Es muy común que este último se dé entre adolescentes, quienes utilizan las redes sociales para publicar fotos o videos que ridiculizan o exhiben, a la vez que escriben mensajes que agreden o dañan la reputación de un compañero en particular.

En la mayoría de los casos, la víctima de *bullying* es un alumno con poca habilidad para relacionarse socialmente, que nunca ha vivido en un ambiente de agresión o que habiéndolo vivido no sabe cómo confrontar la situación por pensar que es parte de la vida cotidiana: para los alumnos pasivos o sobreprotegidos es casi imposible poner límites. En otras ocasiones, la apariencia física convierte a niños y adolescentes en blanco de burlas, ya sea por su peso, estatura, color de piel, enfermedad o por alguna particularidad física que los haga distintos a los demás.

Las consecuencias del acoso van desde la disminución de la autoestima, depresión, manifestación de ansiedad, alteraciones del sueño, miedo constante, presencia de alteraciones de la concentración y la atención hasta el suicidio.

El desarrollo psicosocial del menor se ve afectado por el acoso escolar, ya sea en su calidad de agresor o agredido. Tanto la víctima como el victimario (considerados así en el ámbito penal) asumen roles en donde se pueden observar conductas de sumisión o de violencia que reflejan parte del entorno social dentro del cual se desarrollan y que, directa o indirectamente, tienen influencia en su conducta como sujeto pasivo o activo.

Por lo anterior, es necesario crear programas conjuntos entre padres, maestros, sociedad y especialistas que coadyuven a la prevención de conductas violentas dentro del ámbito escolar. Los niños y adolescentes que acosan a otros pueden convertirse en adultos que cometen delitos, ya que creen que su conducta no tendrá consecuencias. Es importante que reflexionemos si el que realiza el acoso está cometiendo un delito o no, aunque el *bullying* no esté tipificado aún como delito.

64.

¿Cuál es la importancia del uso del polígrafo?

En 1938, Leonard Keeler contribuyó a la creación del polígrafo moderno; en la actualidad, el polígrafo mide alteraciones fisiológicas de las personas, como la presión arterial, el ritmo cardiaco, la respiración y la conductancia de la piel. Sin embargo, no se puede afirmar que dichas alteraciones sean respuestas que evidencien mentira, ya que se pueden manifestar como una reacción a causa del nerviosismo del entrevistado.

En criminología es muy poco común que el polígrafo se utilice en centros penitenciarios, salvo a petición de un abogado que busca ofrecer el resultado como prueba ante un juez. En algunas corporaciones policiales del país (federales o estatales) se aplican pruebas de polígrafo a sus elementos con el fin de detectar servidores públicos que tengan nexos con la delincuencia o que hayan cometido algún delito.

Otro campo en donde el uso del polígrafo está tomando fuerza es en el sector privado, sobre todo en empresas de seguridad, como medida de control del personal que se contrata como guardias.

65.

¿Cuál es el marco jurídico que define y resguarda a la víctima?

El artículo 20 inciso C de la Constitución Política de los Estados Unidos Mexicanos regula los derechos que tienen las víctimas del delito. Además de la Carta Magna, en el sistema jurídico mexicano son diversas las leyes que de manera directa o indirecta hacen alusión a la palabra *víctima*, las cuales integran el marco jurídico que la resguarda. Estas son:

Ley General de Víctimas, Título Primero, Capítulo II. Denomina *víctimas directas* a aquellas personas que hayan sufrido cualquier tipo de daño (físico, económico, mental, emocional) como consecuencia de la comisión de un delito o por la violación a sus derechos humanos. Considera *víctimas indirectas* a los familiares, o a quien esté a cargo de la víctima. Especifica que la calidad de víctima se adquiere acreditando el daño y, por lo tanto, las autoridades no deberán agravar su sufrimiento.

Ley General de los Derechos de Niñas, Niños y Adolescentes, Título Segundo, Capítulo VIII. Especifica que para los casos en que niñas, niños y adolescentes sean víctimas de delitos se deberán aplicar protocolos de atención apropiados, que consideren su edad, desarrollo y madurez, con el objetivo de implementar la reparación del daño y que, en ningún momento durante este proceso, se ponga en riesgo su integridad física y psíquica.

Ley General para la Prevención Social de la Violencia y la Delincuencia, Capítulo III, Sección Tercera. Regula la formulación de medidas de prevención de la victimización; establece políticas en materia de delitos y difunde las causas y factores que confluyen en el fenómeno de la criminalidad, así como los modelos de atención integral a las víctimas.

Ley General para Prevenir, Sancionar y Erradicar los Delitos en Materia de Trata de Personas y para la Protección y Asistencia a las Víctimas de estos Delitos, Libro Primero, Título Tercero, Capítulos I, II, III, IV. Considera a la víctima como el titular del bien jurídico afectado por algún delito. Determina que las autoridades responsables la protegerán y asistirán, buscando restituir sus derechos y protegiendo su integridad física y psicológica. Esta ley regula los derechos de las víctimas extranjeras en México y de las víctimas mexicanas en el extranjero; determina que deberán recibir asistencia migratoria, ayuda para regresar a su país y el pago de tratamientos médicos hasta su total rehabilitación y recuperación.

Ley General para Prevenir y Sancionar los Delitos en Materia de Secuestro, reglamentaria de la fracción XXI del artículo 73 de la Constitución Política de los Estados Unidos Mexicanos, Capítulos VIII, IX y XI. Regula, en términos generales, el apoyo a las víctimas, mediante medidas precautorias que las protejan durante la investigación y persecución de los probables responsables del delito. Vigila que durante el procedimiento penal las autoridades cubran los gastos alimentarios, de transporte y hospedaje.

66.

¿Cuál es la importancia de la reinserción social del victimario?

La persona que comete una conducta delictiva atenta contra el bien común de la sociedad; al entrar en contacto con los controles sociales formales (policías, agencias del Ministerio Público y sistema judicial) es etiquetada como victimario o delincuente; se le separa de la sociedad y es sometida a un tratamiento, en el que se busca que aprenda y comprenda que debe respetar la norma jurídica.

Respecto a la reinserción social, el artículo 18, párrafo segundo, de la Constitución Política de los Estados Unidos Mexicanos establece que el sistema penitenciario se organizará sobre la base del respeto a los derechos humanos. Se promoverá el trabajo, la educación y la capacitación, la salud y el deporte.

En el deber ser, se busca que el sujeto se reintegre a la sociedad. El victimario, al recibir el trato que se describió anteriormente, deberá ser capaz de respetar las normas jurídicas y colaborar con el desarrollo armónico de los individuos en sociedad.

La reinserción social no siempre funciona, pues se observa que muchos de los internos que salen de los centros penitenciarios o reclusorios no logran reintegrarse a la sociedad y terminan delinquiendo nuevamente. Solo algunos se adaptan a la vida en libertad, sin volver a cometer actos delictivos.

67.

¿Cuáles son los modelos de prevención del delito?

Los modelos de prevención son todas aquellas acciones, políticas, programas y planes encaminados u orientados a anticiparse a la aparición de las conductas delictivas.

Crawford (2008, en Hikal, 2011) describe algunos modelos de prevención que se han implementado en distintos países:

- *El modelo sueco.* Está asociado con una estrategia nacional; requiere una política con un enfoque de planeación, implementación y de recursos para la prevención. Esto implica trabajar con grupos con predisposición a caer en conductas delictivas.
- *El modelo francés.* Pone el énfasis en la prevención social del delito, por medio de estrategias enfocadas a atacar la marginalidad en la gente joven.
- *El modelo británico.* Implica realizar proyectos para promover una ciudad segura. Se enfoca en el aspecto situacional y en la modificación del espacio físico para reducir las oportunidades del crimen.
- *El modelo holandés.* Enfatiza la rigurosa investigación de evidencias. Se basa en los recursos humanos y en la tecnología.

Además de estos modelos, es indispensable la prevención jurídica, de la cual existen tres tipos que a continuación describimos:

1. *La prevención general.* Está dirigida a toda la sociedad. Puede ser positiva o negativa. En la primera, la sociedad cumple la norma jurídica por convicción y, en la segunda, por temor a la sanción.

2. *La prevención especial.* Se enfoca en el individuo que ya transgredió la norma jurídica.

3. *La prevención del delito situacional.* Se identifican cinco estrategias principales para modificar una situación y reducir las oportunidades de que se cometan delitos. Estas son:

- Incrementar el esfuerzo que el delincuente debe realizar para cometer un delito.
- Incrementar el riesgo que el delincuente debe enfrentar para completar un delito.
- Reducir los beneficios o las recompensas que el delincuente aspira a obtener al completar un delito.
- Limitar las excusas que el delincuente puede emplear para racionalizar o justificar sus acciones.
- Reducir o evitar las provocaciones que pueden incitar o tentar a un delincuente a cometer actos criminales.

68.

¿Qué relación tiene el derecho con la psicología?

El derecho es el encargado de regular la conducta externa del hombre en sociedad; es la ciencia a la que le corresponde sancionar la conducta de aquellos que violan la norma jurídica.

Su relación con la psicología parte del principio fundamental de que la conducta y el hecho o delito que se comete se relacionan en la mente humana. Estas disciplinas trabajan en conjunto para determinar hasta qué grado el sujeto que cometió el ilícito tiene conciencia de su actuar y así poder ser declarado imputable o inimputable, capaz o incapaz, de aquello que se le culpa y por lo cual debe ser sancionado.

La psicología y el derecho convergen en el objeto de estudio, el cual es la conducta humana. Cada una ayuda a entender el proceder del sujeto, tomando en cuenta la afectación psíquica que pudiera sufrir, su conducta y las consecuencias legales de esta.

69.

¿Qué función tendrá la psicología forense en el nuevo proceso penal acusatorio mexicano?

Con la implementación del nuevo sistema penal acusatorio mexicano, se establece un paradigma distinto en la privación de la libertad personal. Se pretende protegerla y no restringirla, hasta que esto sea autorizado en sentencia firme de condena (resolución judicial que no admite recurso alguno). En este nuevo sistema, la libertad personal del imputado se protege al máximo, al implementarse la regla general de enfrentar el procedimiento en libertad; solo en ciertos casos la persona podrá ser detenida. El nuevo Código Nacional de Procedimientos Penales determina en su artículo 109, fracción XVIII, como parte de los derechos del procesado, que recibirá asistencia psicológica cuando así lo requiera.

La reforma al artículo 20 de la Constitución dicta que el proceso penal será acusatorio y oral, y se buscará respetar tanto los derechos de la víctima como del presunto responsable. Con el fin de preservar la presunción de inocencia del imputado, la participación de los peritos en diversas especialidades será considerada como prueba en la valoración de un delito en particular.

Aquí es donde el actuar del psicólogo adquiere relevancia, considerando que con su peritaje podrá coadyuvar en la función judicial, principalmente en aquellos casos referentes a los inimputables, tal y como lo describe el nuevo Código Nacional de Procedimientos Penales, Título IX, Capítulo I, en los artículos 414-419.

Los psicólogos aplicarán sus conocimientos para establecer la relación entre el pensamiento y la acción de todos los involucrados en un juicio, evaluando tanto a las víctimas como a los victimarios. Es indispensable que el psicólogo esté familiarizado con la norma penal ya que la tipificación del delito a investigar se basa en la conducta que se valorará.

70.

¿Cuál es la utilidad de la psicología criminológica en los procesos judiciales?

El psicólogo brinda apoyo a los juzgados al proporcionar información respecto a la personalidad o conducta de un presunto delincuente, así como de la veracidad de sus declaraciones. Mediante el dictamen que emite, se puede establecer la afectación de la víctima o del victimario; el psicólogo establece tanto un diagnóstico como un tratamiento a seguir.

Incluso puede intervenir en juicios de guarda y custodia, de determinación de imputabilidad o inimputabilidad y de capacidad o incapacidad de un sujeto. Los jueces también consideran la valoración psicológica como una prueba para determinar la situación jurídica de menores de edad involucrados en alguna situación legal que afecte sus derechos.

71.

¿Cuál es la utilidad del peritaje psicológico para demostrar alienación parental?

La alienación parental, mejor conocida como síndrome de alienación parental, es *un trastorno en donde uno de los progenitores afecta la conciencia de sus hijos, teniendo como objeto el impedir todo vínculo con el otro padre.*

En estos casos, la evaluación psicológica funge como prueba pericial presentada en juicio. Es el instrumento idóneo para evaluar la conducta de los progenitores. En consecuencia, la autoridad competente dicta una resolución que protege los intereses del menor y que garantiza su desarrollo pleno, como lo marca la Constitución Política de los Estados Unidos Mexicanos y las disposiciones civiles y los tratados e instrumentos internacionales que protegen los derechos de los niños y las niñas.

Para realizar lo anterior, no podrán impedirse, sin justa causa, las relaciones personales entre el menor y sus parientes. En caso de oposición, y a petición de cualquiera de ellos, el juez de lo familiar resolverá la situación de acuerdo con el interés superior del niño o adolescente, siempre respetando los derechos del menor.

Solamente por mandato judicial podrá limitarse, suspenderse o perderse el derecho de convivencia, como en los casos de suspensión o pérdida de la patria potestad. En el peritaje psicológico, se establecerá o no la existencia de alienación parental. Esta será una prueba para el otorgamiento de la guarda y custodia a favor del padre no alienador.

Para preservar en todo momento el derecho del niño a tener un pleno y armonioso desarrollo de su personalidad, deberá crecer al amparo y bajo la responsabilidad de sus padres o, en su defecto, en un ambiente donde exista amor y comprensión, que le brinde seguridad moral y material, y en donde solo por extremas circunstancias sea separado de alguno o de ambos padres (véase anexo 7).

72.

¿Cuáles son los juicios en los cuales es recurrente que se detecte alienación parental?

Richard Gardner (1998), estudioso del síndrome de alienación parental, explica que este síndrome es una perturbación psiquiátrica que se genera en disputas legales por la custodia de los menores. El resultado es la afectación del niño o niña en su desarrollo psicosocial. Esto hace indispensable que se determine lo antes posible, mediante proceso judicial, la existencia de dicha alienación.

Los jueces deberán apoyarse en especialistas del ámbito de la psicología para cumplir con su función pericial y acreditar o refutar la presencia de alienación parental y con ello proteger los derechos del menor. En disputas legales es donde más se atenta contra el derecho de los niños a gozar de relaciones familiares estables. Los padres los colocan en situación de riesgo de ser maltratados emocional o físicamente.

Las principales contiendas jurídicas donde se puede detectar la presencia de alienación parental son:

- Juicios orales de convivencia o custodia
- Ejecución de convenios de divorcio
- Pérdida de la patria potestad
- Abandono familiar
- Sustracción de menores
- Violencia intrafamiliar

En estos casos, el juez deberá contemplar el interés superior de la niñez. Si es necesario, deberá aplicar los preceptos legales que lo facultan para decretar la suspensión del ejercicio de la patria potestad o la variación de la custodia. Así como solicitar tratamiento psicológico para el padre y el menor afectados, y restablecer el vínculo parental.

73.

¿Qué se entiende por secta coercitiva y cuál es su impacto?

La palabra *secta* proviene del vocablo *secare* que significa "separar", o de *sequi,* que significa "seguir". Las sectas se definen por su forma de actuar, no por sus fines y doctrinas. Su forma de agruparse es totalitaria; se ejerce la persuasión coercitiva para someter a sus adeptos, al grado de manipularlos y explotarlos, subordinando su salud física y psíquica a los fines del grupo (sometiendo su voluntad a la de otro).

Las sectas se han convertido en un fenómeno social peligroso; se han llegado a cometer suicidios colectivos (muchas veces a través de convocatorias generadas en redes sociales) o asesinatos múltiples en nombre de la salvación del mundo o de una comunidad.

Desde el enfoque psicológico, el adepto se caracteriza por ser una persona fácil de manipular. Debido a su estado de ánimo inestable o por la búsqueda de nuevas experiencias o por la admiración que siente hacia el líder de la secta, puede ser persuadido bajo la promesa de un cambio de vida.

El líder, comúnmente una persona intelectual y carismática, con suficiente presencia para generar empatía entre los miembros o posibles miembros, para lograr sus objetivos en ocasiones abusa de las creencias religiosas o de la fe hacia un determinado dios de las personas que están a su alrededor.

Una vez que un sujeto ingresa a la secta se le aplican castigos para someterlo, haciéndole creer que esto es parte del proceso de sanación, o del proceso de cambio, del cual quiere participar. También se utilizan correctivos para hacerlo sentir culpable y llegar incluso a la autoflagelación. A mayor ansiedad de los miembros, mayor será la capacidad de destrucción que tenga la secta. Como parte del sometimiento del que son víctimas y considerando la ansiedad como el elemento fundamental que perturba la mente tras la pérdida de voluntad o maltrato psicológico, los adeptos pueden seguir órdenes y ejecutar actos contrarios al bienestar social, e incluso contra su propio bienestar.

Dentro de las sectas coercitivas, cuyos casos han sido impactantes y de dominio público, encontramos: Heaven's Gate en San Diego, California; Orden del Templo Solar en Suiza, Canadá y Francia; Aoum de Shoko Asahara en Tokio, y El Templo del Pueblo en Guyana.

En México, la proliferación de las sectas tiene relación con actos espirituales, donde se han llegado a registrar alteraciones psicopatológicas y trastornos de la personalidad como consecuencia del sometimiento a las técnicas de persuasión coercitiva.

74.

¿Qué es un perito?

El perito es *aquella persona experimentada, dotada de conocimientos científicos, técnicos o prácticos, que mediante un dictamen informa al juzgador sobre aspectos relevantes del juicio en el cual fue nombrado como tal.* Hay dos tipos de peritos: los determinados judicialmente y los propuestos por una o ambas partes.

El peritaje es *el examen realizado por el perito;* en este explica, con base en su experiencia, las condiciones de las personas, objetos o cosas motivo de su estudio. Los peritajes son ofrecidos al juez como pruebas en un procedimiento judicial.

En el campo de la psicología criminológica, el perito debe tener conocimientos específicos en ciencias como la psicología y la criminología. Con base en estos saberes, deberá informar sobre la peligrosidad de una persona sujeta a proceso.

75.

¿Qué es el Protocolo de Estambul y cuál es su utilidad?

El *Manual para la investigación y documentación eficaces de la tortura y otros tratos o penas crueles, inhumanas o degradantes,* conocido como Protocolo de Estambul, fue adoptado por el Alto Comisionado de las Naciones Unidas para los Derechos Humanos en el año 2000. Tiene como finalidad servir como guía internacional para la evaluación de personas que han sido víctimas de una tortura que no es evidente. En estos casos es necesario recurrir a la intervención de peritos expertos en los distintos tipos de tortura que presenta la víctima. La tortura solo la ejerce algún funcionario del Estado.

La aplicación de este manual permite exigir el respeto a los derechos humanos de todos los ciudadanos sin excepción, conforme a lo establecido en la reforma constitucional en su artículo 1° (2011).

En esta reforma, los derechos humanos adquieren rango constitucional y, junto con el Protocolo de Estambul, se cuenta con una importante herramienta jurídica para investigar y perseguir la tortura en nuestro país.

76.

¿Cuál es la clasificación de las víctimas?

Se entiende por víctima *aquella persona que haya sufrido algún daño económico, mental, físico o emocional como consecuencia de la comisión de un delito o de la violación a sus derechos humanos.* También son víctimas los grupos, comunidades u organizaciones sociales que sean afectadas en sus derechos, intereses o bienes jurídicos colectivos por las mismas causas.
Las víctimas también se clasifican en:

- *Víctimas indirectas.* Los familiares o aquellas personas físicas a cargo de la víctima directa que tengan una relación inmediata con ella.
- *Víctimas potenciales.* Las personas físicas cuya integridad física o derechos peligren por prestar asistencia a la víctima; ya sea por impedir o detener la violación de derechos o la comisión de un delito.

Las personas adquieren la calidad de víctimas cuando se acredita el daño o violación a sus derechos, con independencia de que se identifique, aprehenda o condene al responsable o de que la víctima participe en algún procedimiento judicial o administrativo (véase anexo 8).

77.

¿Cómo regula el Código Nacional de Procedimientos Penales a la víctima u ofendido y cuáles son los derechos que le otorga?

De acuerdo con lo que establece el nuevo Código Nacional de Procedimientos Penales, se considera víctima u ofendido del delito al sujeto pasivo al que se le inflige un daño por la conducta delictiva o a la persona física o moral titular de un bien a la que se afecta por la comisión de un delito.

En los hechos delictivos donde la víctima fallece, se considerarán como ofendidos, en el siguiente orden: el o la cónyuge, la concubina o concubino, el conviviente, los parientes por consanguinidad en la línea recta ascendente o descendente, o cualquier otra persona que tenga relación afectiva con la víctima.

Los derechos más relevantes de la víctima son:

- El acceso a la justicia
- Ser atendida por personal del mismo sexo
- Recibir atención médica y psicológica
- Recibir asistencia jurídica
- Recibir trato sin discriminación
- Solicitar medidas de protección
- Reparación del daño
- Resguardo de su identidad

En el caso de que las víctimas sean personas menores de 18 años, el órgano jurisdiccional o el Ministerio Público tendrá en cuenta los principios del interés superior de los niños y adolescentes, la protección integral de sus derechos establecidos en la Constitución, así como en los tratados internacionales firmados y ratificados por el gobierno de nuestro país.

Para los delitos que impliquen violencia contra las mujeres, se deberán contemplar todos los derechos que establece la Ley General de Acceso de las Mujeres a una Vida Libre de Violencia.

78.

¿Cuál es la medida de tratamiento aplicable para el caso de los inimputables?

Un inimputable es *aquella persona que no puede ser considerada como penalmente responsable de un ilícito que haya cometido, considerando que no comprende el porqué de su actuar, ni tampoco sus alcances.*

El Código Penal Federal determina que el trato que reciban los inimputables debe estar de acuerdo con lo que el juzgador disponga. La medida que se aplique puede ser tratamiento en internamiento o en libertad; esto se determina en el procedimiento correspondiente.

Si el sentenciado tiene el hábito o la necesidad de consumir estupefacientes o psicotrópicos, el juez también determinará el tipo de tratamiento médico que requiere, a partir de la prescripción de un especialista de este campo. Esta medida será independiente de la ejecución de la pena impuesta por el delito cometido.

Es importante considerar que la persona inimputable podrá ser entregada por la autoridad judicial o ejecutora a quien legalmente corresponda hacerse cargo de ella; siempre que se obliguen a tomar las medidas adecuadas para su tratamiento y vigilancia, garantizando el cumplimiento de las obligaciones contraídas. Estas medidas se acreditarán mediante revisiones periódicas, con la frecuencia determinada por las características del caso, sin que la medida de tratamiento impuesta por el juez penal exceda la duración que corresponda al máximo de la pena aplicable al delito cometido. Si después de este tiempo la autoridad considera que el sujeto continúa necesitando el tratamiento, lo pondrá a disposición de las autoridades sanitarias para que realicen una intervención oportuna.

79.

¿Cuál es el procedimiento judicial para personas inimputables?

El procedimiento judicial de los inimputables se encuentra regulado en el Código Nacional de Procedimientos Penales, en sus artículos 411 al 415.

Estos artículos establecen que, si durante la audiencia inicial aparecen indicios de que el procesado puede ser inimputable, se podrá solicitar al juez que ordene la realización de peritajes que determinen lo siguiente: si existe inimputabilidad, si es permanente o transitoria y, si es posible, si fue autoinducida. De igual manera procederá el Ministerio Público cuando la persona se encuentre retenida.

En un juicio, las partes también podrán solicitar al juez que se lleven a cabo los peritajes necesarios. En dado caso de que se determine la inimputabilidad del sujeto, el juez toma en cuenta al Ministerio Público y al defensor para determinar la participación del sujeto inimputable en el hecho que se le atribuye y así poder determinar la aplicación de las medidas cautelares.

Una vez comprobado el delito y la participación como autor o partícipe del inimputable, el juez resolverá el caso procediendo a dictar sentencia. Puede indicar que existen pruebas suficientes para la imposición de una medida de seguridad. La medida de seguridad no podrá tener mayor duración a la pena que le correspondería si fuera imputable.

Si no se comprueba la participación del sujeto, se procederá a la absolución.

80.

¿Cuál es la relación de la criminología con los derechos humanos?

Desde el enfoque preventivo, hay que intervenir en los delincuentes potenciales sin necesidad de la aplicación de la norma penal. El objetivo de la prevención es atenuar la respuesta criminal, bajo la premisa de que todo individuo, antes de ser delincuente, fue afectado por diversos factores criminógenos que tenemos que erradicar de la sociedad.

La mayoría de los estudios criminológicos se basan en hechos o problemas relacionados con los sistemas de procuración y administración de justicia; estos sistemas son los que, históricamente, a través de sus protagonistas, han sido los principales violadores de los derechos humanos.

Proponemos realizar intervenciones más realistas y eficaces, tomando en cuenta las causas principales de la criminalidad y en donde el resultado se materialice en la preservación y el respeto de los derechos humanos, tanto de la víctima como del victimario. Si el orden social preventivo se fortalece, cada día serán menos los delitos cometidos y, por consecuencia, habrá menos víctimas que proteger.

Anexos

Anexo 1
Pautas de conducta normales y anormales

Normal	*Anormal*
Desarrollo	Fijación
Integración	Aislamiento
Coordinación	Disociación
Adaptación	Inadaptación
Autoconcepto claro	Autoconcepto difuso
Actividad	Pasividad
Autoafirmación	Autodestrucción
Coherencia	Incoherencia
Autoestima positiva	Autoestima negativa
Productividad	Esterilidad
Esperanza	Desesperanza
Equilibrio	Desequilibrio
Satisfacción	Insatisfacción
Verbalización	Silencio
Seguridad	Inseguridad

Anexo 2
Componentes de la personalidad antisocial

Egocentrismo	• Intelectual, afectivo o social • Busca ser el centro de atención • Habla en primera persona • Necesidad de reconocimiento • Poca tolerancia a la frustración
Agresividad exacerbada	• Impulsivo • Intolerante • Provoca riñas
Labilidad	• Inestable • Incapacidad para planificar el futuro • Irresponsable • Desordenado
Indiferencia afectiva	• No es empático • Sufre distorsión de expresión de emociones • Insensible • Indiferente • Desconfiado

Anexo 3
Formas del rostro y rasgos relacionados

Forma del rostro	Rasgos del sujeto
Redondo Rostro con frente redonda, ancho a la altura de las mejillas	• Versátil • Diplomático • Hábiles para progresar económicamente
Cuadrado Rostro ancho y largo	• Amable • Simpático • Hogareño • Planificador • No le gusta la soledad • Deportista
Triangular Mandíbula ancha	• Extrovertido • Impaciente • Irritable
Triangular invertido Frente ancha y mentón pequeño	• Intelectual • Idealista • Nervioso • Racional
Rectangular Rostro largo	• Convicciones fuertes • Facilidad para las relaciones públicas
Romboidal Pómulos salientes, frente y mentón pequeños	• Líder • Innovador • Vigoroso
Oval Rostro circular alargado	• Fantasioso • Introvertido • Distraído
Corazón Frente ancha, mandíbula redonda, mentón pequeño	• Sociable • Romántico • Imaginativo

Anexo 4
Pautas para el diagnóstico

Capacidad criminal	Adaptabilidad social	Delitos y delincuentes
Muy fuerte	Muy elevada (más grave)	Fraudes, delitos de cuello blanco
Muy elevada	Incierta (menos grave)	Secuestradores, narcotraficantes de nivel medio, entre otros
Poco elevada	Débil (constituyen la clientela habitual de las prisiones)	Delincuencia convencional
Débil	Elevada (forma ligera del estado peligroso)	Delitos culposos, pasionales u ocasionales

Anexo 5

Elementos para elaborar el perfil criminal

Elemento	Aspectos que define
Noticia del crimen	• Trata de estudiar el delito que se cometió, para establecer el grado de peligrosidad del criminal
Comportamiento	• Por la forma de proceder en la ejecución del delito, se trata de establecer el móvil y el número de criminales
Evaluación del lugar de los hechos	• Evaluación de los hechos • Determinar si se trata de un asesino organizado o desorganizado • Si el delito fue planeado • Si el victimario padece de alguna enfermedad mental • Objetos encontrados • Posición del cadáver
Estudio victimológico	• Víctima escogida o por oportunidad • Edad, profesión u ocupación y estilo de vida de la víctima • Entrevista con familiares de la víctima (si es posible) • Existencia de golpes o tortura en la víctima • Firma del criminal
Evaluación de los distintos informes	• Informes preliminares de la policía • Interrogatorio a testigos y sospechosos • Análisis de pruebas y evidencias • Resultado de la necropsia

Anexo 6
Clasificación del criminal de acuerdo con diversos autores

a) Para César Lombroso

Tipo de criminal	Descripción
Nato	• Menor capacidad craneana • Escaso desarrollo de las partes anteriores y frontales • Gran desarrollo facial y maxilar • Abultamiento del occipucio • Desarrollo de los parietales y temporales • Frente hundida • Falta de remordimientos • Impulsividad
Loco moral	• El cráneo tiene una capacidad igual o superior a la normal • Mandíbula voluminosa, asimetría facial • Se rehúsa a utilizar un tatuaje, ya que son astutos y saben que es una aplicación criminal • Muy precoces o precedidos y asociados a una ferocidad sanguínea • Antipáticos, no conviven casi con nadie • Suficientemente inteligente para justificar sus delitos • Odian con o sin motivos • Excesivamente egoísta, pero a pesar de eso es altruista, aunque solo sea una forma de perversión de los afectos • Excitable, cruel e indisciplinado • Pereza para el trabajo • Hábil en la simulación de la locura • Su padecimiento se manifiesta en la infancia o en la pubertad
Epiléptico	• Padece deambulaciones involuntarias • Sonambulismo • Precocidad sexual y alcohólica • Facilidad y rapidez de cicatrización • Destructividad • Canibalismo

Tipo de criminal	Descripción
	• Vanidad • Grafomanía • Doble personalidad al escribir • Tendencia al suicidio • Simulación de locura • Cambios de humor • Amnesia
Loco *pazzo* o loco delincuente	• Enfermo demente • Sin capacidad de entender o de querer entender que comete crímenes
Alcohólico	• Extraña apatía e indiferencia, que a veces llega a ser muy violenta • Embriaguez aguda • Cinismo humorístico • Fuertes tendencias al robo • Puede cometer suicidio
Histérico	• Egoísta • Su carácter es muy cambiante • Colérico • Feroz • Propenso a simpatías y antipatías súbitas • Irracional • Vengativo • Necesidad de mentir • Tendencia al erotismo • Delirios • Alucinaciones • Puede cometer suicidio
Mattoide	• Conserva la sobriedad • Ético • Ordenado • Intelectualmente no padece anomalías • Escribe en forma compulsiva • Convicción exagerada por sus propios méritos • Generalmente extravagante • Sus crímenes son impulsivos; generalmente realizados en público • Delirio persecutorio
Pasional	• Afectividad exagerada • Anestesia momentánea (en el momento del delito)

Tipo de criminal	Descripción
	• Conmoción después del delito • Suicidio o tentativa inmediatamente después del delito • No oculta el propio delito
Ocasional	• Seudocriminal • Comete delitos involuntarios • No causa ningún daño social • Culpables de hurto, incendio, heridas y duelos • Criminaloide • Un incidente los puede llevar a realizar un delito • Imitación • Habituales • No llega a cometer delitos

b) Para Enrico Ferri

Tipo de criminal	Descripción
Nato	• Es resultado de la genética y de situaciones ambientales específicas
Loco	• Enfermo mental
Habitual o condicional o delincuente por falta de restricciones	• Hace del delito su forma de vida, basándose en su habilidad y fuerza
Ocasional	• Ve la ocasión para delinquir, cuando no hay alguien que lo detenga o lo restrinja
Pasional	• Posesivo, celoso, manipulador

c) Para Rafael Garofalo

Tipo de criminal	Descripción
Asesino o nato	• Sin sentimientos de altruismo • Oportunista
Violento	• No siente piedad • Violento

Tipo de criminal	Descripción
Ladrón	• Influido por el medio ambiente
Delincuente lascivo	• Sensual • Sutil

d) Para Don Gibbons

Tipo de criminal	Descripción
Pandillero ladrón	• Agresivo, robo con violencia, delitos sexuales • No actúa solo • Puede resultar sádico • Seguro de sí mismo • Orgulloso de su fama delictiva • Proviene de clases obreras de sectores urbanos • Comúnmente proviene de familias con antecedentes delictivos
Pandillero pendenciero	• Adolescente varón • Consume drogas y enervantes • Ostenta emblemas y distintivos al vestir • Se acepta rebelde mas no delincuente • Resentido con el mundo
Pandillero ocasional	• Delinque por diversión • No se considera a sí mismo como delincuente • Justifica sus conductas
Delincuente casual no pandillero	• Suele fumar y emborracharse • Acepta sus delitos • Muestra vergüenza • Delinque por diversión
Ladrón de automóviles	• Actúa por diversión • Libertino • Desadaptado en la escuela • Falta de interacción con el padre
Drogadicto	• Roba para comprar droga • Comienza a temprana edad • No le gusta trabajar
Agresor de peligrosidad extrema	• Le gusta maltratar físicamente a sus víctimas • Evita estar acompañado • Actitud retadora

Tipo de criminal	Descripción
La joven delincuente	• Rechaza a las figuras de autoridad • Comete faltas a la moral • Desenfreno sexual • Hostilidad hacia sus padres
Delincuente psicópata o con fuerte predisposición	• Individualista • Extravagante • Delitos graves • Comúnmente termina en psiquiátricos
Delincuente profesional	• Manipulación de dinero en apuestas • Atraco a mano armada • Persuasión
Delincuente profesional consumado	• Atraco a mano armada • Robo con escándalo • Actúa en conjunto

e) Para la Asociación Americana de Psiquiatría (APA)

Tipo de criminal	Descripción
Tipo pasivo dependiente	• Flaqueza de ánimo • Indecisión • Busca sobreprotección
Tipo pasivo agresivo	• Actitud pasiva • Es obstinado • Ineficiencia • Negativismo • Muestra oposición • Hostil • Provocativo • Antagonista • Competitivo • Ambicioso
Tipo agresivo	• Poca tolerancia a la frustración • Irritabilidad • Infantilismo • Conducta destructiva • Conducta antisocial

f) Para José Ingenieros

Tipo de criminal	Descripción
Anómalos morales	• Anormal congénito • Delinque por causas orgánicas • No adapta sus conductas a las pautas morales de la sociedad
Anómalos intelectuales	• El medio social influye en su conducta criminal • Es un sujeto normal
Anómalos volitivos (voluntarios)	• Adaptado al medio social • Delinque por factores externos
Anómalo mixto	• Degeneración completa del carácter • Impulsividad • Ausencia de sentido moral • Perturbación de funciones intelectuales

g) Para Luis Vervaeck

Tipo de criminal	Descripción
Delincuentes por influjo del medio social, sin peligro Curables por corrección penitenciaria	• Primer grado: accidentales (imprevistos) • Segundo grado: ocasionales (por influjo de la tentación)
Delincuentes por la acción del medio social y de los defectos orgánicos Casi incurables Reincidentes, incorregibles y peligrosos	• Primer grado: de hábito • Segundo grado: degenerados criminales
Criminales por taras hereditarias o adquiridas (en ellos es despreciable la acción del medio) Irresponsables, peligrosos, incurables Deben ser internados y cuidados en un asilo penitenciario	• Primer grado: locos morales • Segundo grado: alienados criminales

h) Para Sigmund Freud

Tipo de criminal	Descripción
Delincuente por sentimiento de culpa	• Comete crímenes para justificar su culpa inconsciente • Fracasa al triunfar (placer-displacer) • Ideas paranoides de sentirse envidiado por los demás • Depresión • Separación del padre • Apego a la madre

Anexo 7
Formato de evaluación psicológica

Evaluación psicológica

I. Datos generales

Nombre: _____

Fecha de nacimiento: _____

Domicilio: _____

Escolaridad: _____

Ocupación: _____

Edad: _____

II. Motivo de la valoración

Se realiza un estudio psicológico en el que se determina el estado emocional actual tanto de los señores _____ como de sus menores _____ .

III. Abordaje

El método de evaluación que se utilizó fue a través de la observación y la entrevista a cada uno de los progenitores, así como de las menores de edad, pudiendo establecerse empatía para lograr un mejor abordaje.

IV. Instrumentos utilizados
(debe especificarse *grosso modo* lo aportado en estas)

- MMPI para los padres de las menores
- Genograma
- Bender
- Historia familiar para las menores

V. Descripción física y actitud de los evaluados

Los evaluados muestran edad cronológica adecuada a la aparente, en óptimas condiciones de higiene y aliño, discurso del pensamiento directo, cooperadores y con diálogo coherente y congruente, emitiendo respuestas fluidas y casi automáticas.

VI. Evaluación psicológica

Los evaluados se encuentran ubicados en las tres esferas con capacidad intelectual de nivel normal, promedio de acuerdo con su edad. Muestran lenguaje fluido, con preservación de la memoria y capacidad de atención y concentración en óptimas condiciones. No muestran alteraciones sensoriales o mentales que manifiesten trastorno o enfermedad mental.

Se encontró en las menores la presencia del síndrome de alienación parental, ya que evidentemente han sido influidas por el padre en contra de la madre. El progenitor necesita tener control total de sus hijas, sin poder aceptar la idea de que estas no le pertenecen y recurriendo al chantaje para conseguir que las niñas se nieguen a visitar a su madre, colocándolas en una posición incómoda al tener que escoger entre sus padres, lo que afecta su óptimo desarrollo psicoemocional.

En tanto que durante la entrevista las niñas en todo momento responden: "No quiero ver a mi mamá" como si realmente estuvieran convencidas de ello, al referirles que ya no la verán, se muestran tristes e incluso recurren al llanto, lo que confirma la alienación de que son víctimas.

Por su parte, el padre de las menores refiere que su aún cónyuge y madre de las niñas les gritaba y golpeaba con el cable de la plancha: "Por eso mis hijas no quieren verla y mucho menos vivir con ella". Al referir esto se cubre la cara con las manos y hace una pausa por cuestión de minutos, resultando demandante de atención.

VII. Conclusiones

Se concluye que el estado emocional de los evaluados es funcional y estable, con evidente estado de alienación en las menores del padre en contra de su madre. Esto implica maltrato infantil por parte del padre, afectando el estado anímico de las niñas. Se requiere algún proceso de adaptación entre madre e hijas, considerando el desapego que han tenido desde hace unos meses, sugiriendo entrar a un periodo de transición en donde exista la posibilidad de que las niñas vivan en casa de un conocido (no pariente) o de una institución, con el objetivo de resguardar la integridad de las menores durante el proceso de adaptación con la madre y desapego de la alienación del padre.

VIII. Recomedaciones

Se recomienda que las niñas asistan a terapia individual y posteriormente a terapia con la madre, con el objetivo de reintegrar su estado emocional tanto en lo particular como en lo familiar. Es necesario que la madre de las menores acuda a terapia durante el proceso de adaptación con sus hijas. Se indica que las menores vivan con la madre y, por lo tanto, sea a esta a quien se le otorgue la guarda y custodia, considerando la alienación que el padre infligió en las niñas.

Elaboró

_____

Psicólogo

Cédula profesional: _____

Ciudad de México, a _____.

Anexo 8
Clasificación de la víctima de acuerdo con diversos autores

a) Para Hans von Henting

Tipo de víctima	Descripción
General	• Niños o jóvenes propensos a ser víctimas de la delincuencia • La mujer por su debilidad • El anciano por su discapacidad • Los débiles y enfermos mentales • Los inmigrantes
Psicológica	• El deprimido • El ambicioso • El lascivo • El solitario y acongojado • El atormentador • El bloqueado, excluido y agresivo

b) Para Benjamin Mendelsohn

Tipo de víctima	Descripción
Completamente inocente o ideal	• No hace nada para desencadenar el hecho criminal Ejemplo: asesinado por una bala pérdida
De culpabilidad menor o por ignorancia	• Por una circunstancia no voluntaria pero sí descuidada Ejemplo: robo al salir de un banco
Tan culpable como el infractor o voluntaria	• Víctima y victimario participan a la par Ejemplo: homicidio por piedad o enfermedad incurable
Víctima más culpable o única culpable	• La víctima produce el resultado material Ejemplo: accidente por pasarse un alto

c) Para Luis Jiménez de Asúa

Tipo de víctima	Descripción
Indiferente	Escogida por el criminal al azar
Determinada	Escogida específicamente por el criminal
Resistente	Trata de defenderse
Coadyuvante	Participa activamente en el delito

d) Para Farrah

Tipo de víctima	Descripción
Provocadora	Tipo pasivo Tipo activo
Participante	En la fase de ejecución del hecho

e) Para Stephen Schafer

Tipo de víctima	Descripción
• Sin relación con el criminal • Provocativa o provocadora • Precipitada • Biológicamente débil • Socialmente débil • Autovíctima • Política • Simulada	• Sobreentendidas desde su concepción criminal

Referencias

Alcázar Córcoles, M.,Verdejo-García,A., Bouso-Saiz,J. y Bezos-Saldaña, L. (2010). Neuropsicología de la agresión impulsiva. *Revista de Neurología, 50*(5): 291-299. DOI: https://doi.org/10.33588/rn.5005.2009316

Althusser, L. (1989). *Ideología y aparatos ideológicos del Estado (Notas para una investigación)*, Ciudad de México: Siglo XXI Editores.

_____ (1997). *La filosofía como arma de la revolución.* Ciudad de México: Siglo XXI Editores.

APA, Asociación Americana de Psiquiatría. *Manual diagnóstico y estadístico de los trastornos mentales* (DSM-IV, DSM-IV-TR, DSM-V).

Arciniegas, G. (2002). *Policía judicial.* Bogotá: Nueva Jurídica.

Bandura, A. (1971). *Teoría del aprendizaje social.* Skokie: General Learning Corporation.

Beltrán, E. y Vargas, N. (1993). Psicología jurídica y criminología. En Ardila, R. (comp). *La psicología en Colombia.* Bogotá: Tercer Mundo.

Cantero, J. (1999). *Lecciones de Derecho Penal, Parte general,* Barcelona: Bosch.

Chinchilla, L. y Rico, J. M. (1997). *La prevención comunitaria del delito: perspectivas para América Latina.* Miami: Center for the Administration of Justice, Florida International University.

_____ (2002). *Seguridad ciudadana en América Latina.* Ciudad de México: Siglo XXI Editores.

Coleman, J. (1988). *Psicología de la anormalidad y vida moderna.* Ciudad de México: Trillas.

Comte, A. [1830-1842] (1981). *Curso de filosofía positiva.* Ciudad de México: Aguilar Mexicana de Ediciones.

Damasio, A.R. (2000). A Neural Basis for Sociopathy. *Archives of General Psychiatry, 57*(2):128-129. DOI: https://doi.org/10.1001/archpsyc.57.2.128

De Pina Vara, R. (2006). *Diccionario de derecho.* Ciudad de México: Porrúa.

Dicaprio, N. (1989). *Teorías de la personalidad.* Ciudad de México: McGraw-Hill.

Diccionario enciclopédico a color. Barcelona: Océano.

Ekman, P. (2015). *Cómo detectar mentiras.* Ciudad de México: Paidós.

Fenichel, O. (1957). *La teoría psicoanalítica de la neurosis.* Barcelona: Paidós.

Fernández Reyes, A. (2005). Criminología del cine. *Estudios sobre las Culturas Contemporáneas,* junio, *XI*(21):105-136.

Ferri. E. (1993). *Principios de derecho criminal.* Madrid: Reus.

Frazier, S. (1999). *Diccionario de psiquiatría.* Ciudad de México: Trillas.

Freud, S. (1991). *Psicología de las masas y análisis del yo.* Ciudad de México: Alianza Editorial.

García Pérez, T. (1993). La autopsia psicológica como método de estudio del suicida. Ponencia en el Congreso Internacional de Ciencias Forenses de La Habana.

Gardner, R. A. (1998). *The Parental Alienation Syndrome.* Cresskill: Creative Therapeutics.

Garrido, V. (2014). *Perfiles criminales.* Barcelona: Ariel.

Gaviria, J. (2005). La inimputabilidad: Concepto y alcance en el código penal colombiano. *Revista Colombiana de Psiquiatría, 34*(1), suplemento.

Goffman, E. (2001) [1973]. *Internados. Ensayos sobre la situación social de los enfermos mentales,* Buenos Aires: Amorrortu.

Han, S.D. (2001). Assessing and Managing violence risk. En K. Douglas, *HCR-20. Violence Risk Management Companion Guide. Burnaby:* SFU.

_____ (2011). *Introducción al estudio de la criminología.* Ciudad de México: Porrúa.

Hikal, W. (2013). *Criminología psicológica,* Ciudad de México: Porrúa.

Jiménez de Asúa, L. (1961). La llamada victimología. En *Estudios de derecho penal y criminología.* Buenos Aires: Omeba.

Luria, A. (1974). *Fundamentos de neurología.* Barcelona: Fontanella.

Marchiori, H. (2002). *Psicología criminal.* Ciudad de México: Porrúa.

Marx, K. ([1867] (2014). *El Capital.* Ciudad de México: Fondo de Cultura Económica.

Mead, G.H. (1972). *Espíritu, persona y sociedad.* Buenos Aires: Paidós.

Morales, F. (1994). *Psicología social.* Madrid: McGraw-Hill.

Morales Quintero, L.A. y García López, E. (2010). Psicología jurídica: quehacer y desarrollo. *Revista Diversitas. Perspectivas en Psicología, 6*(2): 237-256. http://www.scielo.org.co/pdf/dpp/v6n2/v6n2a04.pdf

OMS, Organización Mundial de la Salud. Clasificación Internacional de Enfermedades (CIE-10).

Ostrosky, F. (2011). *Mentes asesinas. La violencia en tu cerebro.* Ciudad de México: Quinto Sol.

_____, Díaz, K. y Romero Rebollar, C. (2013). Desempeño neuropsicológico orbitomedial en psicópatas. *Revista Neuropsicología, Neuropsiquiatría y Neurociencias, 13*(1): 43-58.

Olweus, D. (1998). *Conductas de acoso y amenaza entre escolares.* Madrid: Morata.

Palacios Pámanes, G. (2012). *Criminología contemporánea. Introducción a sus fundamentos teóricos.* Ciudad de México: Instituto Nacional de Ciencias Penales.

Piñeros, C. (2007). Sobre una definición de psicología jurídica. https:// psicologiajuridica.org/archives/1189

Raine, A. (2000). Psicopatía, violencia y neuroimagen. En Raine, A. y Sanmartín, J. *Violencia y psicopatía.* Barcelona: Ariel.

Real Academia Española (2008). *Diccionario de la lengua española.* Madrid: RAE.

Rodríguez Manzanera, L. (1992). *Criminología.* Ciudad de México: Porrúa.

_____ (2014). *Criminología clínica.* Ciudad de México: Porrúa.

Rodríguez Ortega, G. (2014). *Introducción a la psicología jurídica.* https:// archivos.juridicas.unam.mx/www/bjv/libros/6/2537/6.pdf

Sánchez Sandoval A. y González Vidaurri, A. (2002). Criminología: objetos y métodos de estudio. *Capítulo Criminológico, 30*(4): 91-119.

Sarason, I. y Sarason, B. (1996). *Psicología anormal, el problema de la conducta inadaptada.* Ciudad de México: Prentice Hall.

Tarde, G. (1907). *Las leyes de la imitación: estudio sociológico.* Madrid: Daniel Jorro.

Tocavén, R. (1991). *Elementos de criminología infanto-juvenil.* Ciudad de México: Porrúa.

Thorndike, E.L. (1911). *Animal Intelligence: Experimental Studies.* Nueva York: Macmillan.

Urra, J. (1993). Confluencia entre psicología y derecho. En Urra, J. y Vázquez, B. (comps.). *Manual de psicología forense.* Madrid: Siglo XXI Editores.

Vidales, I., Vidales, F. y Leal, I. (1998). *Psicología general.* Ciudad de México: Limusa Noriega.

Van Hentig, H. (1960). La estafa. En *Estudios de psicología criminal*, vol. III. Madrid: Espasa-Calpe.

Weber, M. (2004). *Sociología de la religión.* Ciudad de México: Ediciones Coyoacán.

Zaffaroni, E.R. (2012). *La cuestión criminal.* Buenos Aires: Planeta.

Legislaciones

- Constitución Política de los Estados Unidos Mexicanos, 2023.
- Código Civil Federal, 2023.
- Código Nacional de Procedimientos Penales, 2023.
- Convención sobre los Derechos del Niño, Unicef, 1989.
- Declaración de los Derechos del Niño, ONU, 1959..
- Ley Nacional del Sistema Integral de Justicia Penal para Adolescentes, 2023.
- Ley de Justicia para Adolescentes para el Distrito Federal, 2023.
- Ley de Víctimas para el Distrito Federal, 2014.
- Ley General de Acceso de las Mujeres a una Vida Libre de Violencia, 2023.
- Ley General de los Derechos de Niñas, Niños y Adolescentes, 2023.
- Ley General de Víctimas, 2023.
- Ley General para la Prevención Social de la Violencia y la Delincuencia, 2023.
- Ley General para Prevenir, Sancionar y Erradicar los Delitos en Materia de Trata de Personas y para la Protección y Asistencia de las Víctimas de estos Delitos, 2023.
- Ley General para Prevenir y Sancionar los Delitos en Materia de Secuestro, reglamentaria de la fracción XXI del artículo 73 de la Constitución Política de los Estados Unidos Mexicanos, 2023.

Acerca de los autores

Karina Domínguez Paz es licenciada en Derecho y en Psicología Social, especialista y maestra en Habilidades Directivas, doctora en Ciencias de la Educación y candidata a doctora en Derecho Civil. Ha sido catedrática en diversas instituciones de nivel medio superior, superior y posgrado, así como en juzgados cívicos y hospitales psiquiátricos. Ha participado como capacitadora y conferencista en foros nacionales e internacionales con temas como violencia de género, perfiles criminales y victimales, acoso sexual, feminicidio, *mobbing*, negociación y otros. Es autora de los libros: *Acoso sexual, implicaciones sociales, jurídicas y psicológicas* y de *365 respuestas del mundo forense.*

Fernando Pérez Guzmán es licenciado en Criminología e Investigación Policial egresado del Instituto Técnico de Formación Policial. Analista delictivo y asesor en la Secretaría de Seguridad Pública de la Ciudad de México. Consultor en seguridad privada. Conferencista en temas relacionados con la violencia hacia la mujer y catedrático de la materia de Criminología en el Instituto de Estudios Superiores del Colegio Maestro Isaac Ochoterena.

Karina Domínguez Paz es licenciada en Derecho y en Psicología Social, especialista y maestra en Habilidades Directivas, doctora en Ciencias de la Educación y candidata a doctora en Derecho Civil. Ha sido catedrática en diversas instituciones de nivel medio superior, superior y posgrado, así como en juzgados cívicos y hospitales psiquiátricos. Ha participado como capacitadora y conferencista en foros nacionales e internacionales con temas como violencia de género, perfiles criminales y victimales, acoso sexual, feminicidio, mobbing, negociación y otros. Es autora de los libros: *Acoso sexual, implicaciones sociales, jurídicas y psicológicas* y de *365 respuestas del mundo forense.*

Psicología criminológica en 80 preguntas
se terminó de imprimir en la Ciudad de México
en enero de 2024 en los talleres de Impregráfica Digital,
SA de CV, Av. Coyoacán 100-D, Col. Del Valle Norte,
Alcaldía Benito Juárez, 03103 Ciudad de México.
En su composición se utilizaron tipos
Bembo Regular y Bembo Italic.